하늘을 나는
지구 여행자
파일럿

하늘을 나는 지구 여행자 파일럿

김진국 지음

TALK SHOW

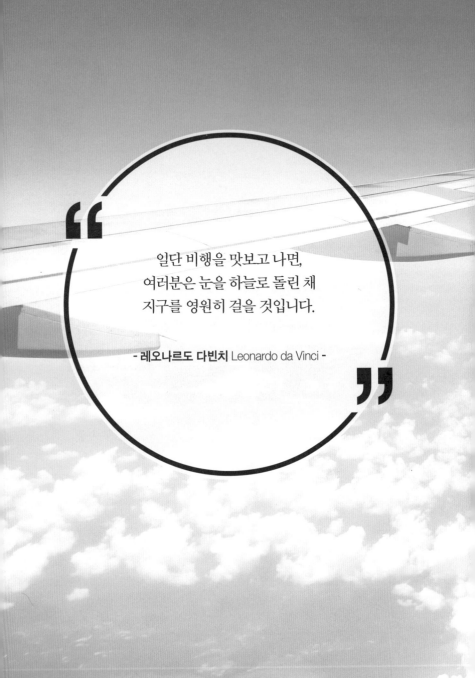

일단 비행을 맛보고 나면,
여러분은 눈을 하늘로 돌린 채
지구를 영원히 걸을 것입니다.

- 레오나르도 다빈치 Leonardo da Vinci -

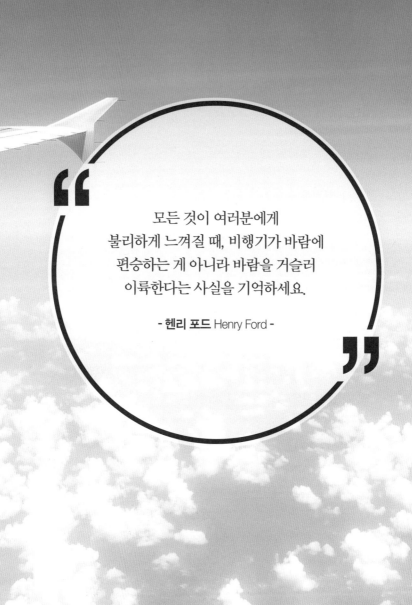

모든 것이 여러분에게
불리하게 느껴질 때, 비행기가 바람에
편승하는 게 아니라 바람을 거슬러
이륙한다는 사실을 기억하세요.

- **헨리 포드** Henry Ford -

C·O·N·T·E·N·T·S

C·O·N·T·E·N·T·S

PROPOSE

미래의 주역, 청소년 여러분! 안녕하세요? 저는 B787 김진 국 기장입니다. 세상은 하루가 다르게 발전하여 변해가고, 미 래에는 현재 직업 중 계속 존재하는 직업보다 사라지는 직업 이 더 많을 것이라 예상되는 요즘, 청소년들에게 장래 직업 선 택은 큰 고민이 아닐 수 없을 것 같습니다. 더구나 사라지는 직업은 예상되는데, 계속 존재하거나 새롭게 생겨나는 직업에 대한 예상은 쉽지 않아 미래 준비에 어려움이 많을 것입니다.

저 역시 중고등학교 학창시절에 좋아하는 일도, 관심이 있 던 분야도 없던 아이였기에 가장 많이 고민하고 생각했던 것 이 장래에 대한 고민이었습니다. 제가 중학교를 졸업할 즈음, 영국에 유학을 갔던 형님께서 귀국하면서 『비행원리』라는 책 과 스티로폼으로 만들어진 작은 비행기를 선물해 주셨어요.

앞으로 미래 산업은 항공이 주도할 것이니 관심을 갖고 진로 결정을 해보라는 말씀도 덧붙이셨죠. 저는 이 책을 정말 흥미롭게 읽었어요.

책에는 비행기가 하늘을 나는 가장 기초적인 원리부터 제트 엔진의 발전 과정까지 이해하기 쉽게 써 있었기에 자연스럽게 항공기에 대해 관심을 갖게 되었고, 작은 스티로폼 비행기를 날리며 어떻게 하면 잘 날릴 수 있을까 생각하다 보니 이 분야가 재미있어 진로를 항공 쪽으로 결정했어요. 꿈을 이루기 위해 저는 한국항공대학교 항공운항학과에 진학을 하였고, 공군 조종사를 거쳐 현재 대한항공 B787 기장으로 근무하고 있습니다.

35년 동안 조종사로 일하면서 느낀 점은 조종사들은 직업

만족도가 매우 높다는 거예요. 거의 모든 조종사들이 출근이 즐겁다고 말합니다. 출근이 즐겁다는 말은 자신의 직업을 좋아하고 즐기며 사랑한다는 말이죠. 다른 직업과 달리 하늘에 사무실이 있는 유일한 직장이며, 그 사무실 안에서 항공기를 조종하는 일을 좋아하고, 하늘을 나는 것이 즐겁기에 항상 비행 중에는 행복하다고 말합니다.

우리 청소년들도 즐겁고 재미있게 일을 하며 행복을 추구할 수 있는 직업을 미래에 갖게 된다면 스스로 성공한 인생을 살았다는 자부심이 생기게 되지 않을까요? 그래서 선배 조종사로서 여러분에게 어떻게 하면 조종사가 될 수 있는지, 조종사가 된 후에는 어떤 일들을 하게 되는지, 그리고 조종사로서 느끼는 이 직업의 매력은 어떤 것이 있는지 함께 나누려고 합니다. 어떤 직업이나 장점의 뒤편에는 단점이 있듯이, 이 직업 또한 어려움이 있어요. 힘든 일을 감추기 보다는 어떤 어려움이 있는지도 솔직히 알려드리려고 합니다. 그래야 여러분이 이 직업을 선택할 때 마음의 준비도 할 수 있을테니까요.

　지금부터 조종사에 관심을 갖고 도전해 보시기를 바랍니다. 분명히 행복한 미래가 여러분을 기다리고 있을 것입니다.

파일럿 *김진욱*

첫인사

편　**토크쇼 편집자**

김　**김진국 기장**

편 안녕하세요, 김진국 기장님. 인터뷰를 진행하게 되어 반갑습니다. 먼저 자기 소개 부탁드려요.

김 안녕하세요. B787 항공기 기장으로 항공사에 근무하는 김진국 기장입니다. 저는 한국항공대학을 졸업하고 공군에서 10년간 군 비행기를 조종한 후 현재의 항공사에서 MD82/83, B747-400 부기장과 B737, B777 기장을 거쳐 현재는 B787항공기를 조종하고 있습니다.

편 파일럿으로 일하신지 35년이 넘으셨어요. 저한테는 대단한 경력으로 느껴지는데, 이 직업을 청소년들에게 어떻게 소개하고 싶으세요?

김 항공기 조종사, 그중에서도 민간항공기 조종사는 항공기를 이용해 유상으로 여행객에게 비행서비스를 하거나 화물의 이송서비스를 하는 직업입니다. 오늘날 항공기는 세계를 지구촌으로 연결하는 중요한 대중교통 수단으로 자리 잡았기에 미래의 전망도 밝은 직업이죠. 또한 세계 여러 나라를 방문하여 각 나라들의 문화와 생활 방식, 발전 상황 등을 직접 보고 체험할 수 있는 장점을 가지고 있는 직업이기도 합니다. 현대 사회에서는 세계 모든 지역이 하루 만에 갈 수 있는 1일 생활권 안에 들기 때문에 조종사라는 직업은 한마디로 '하늘을 나는

파일럿 제복을 입은 김진국 기장. 소매에 있는 줄은 파일럿의 직급을 말
해줍니다. 네 줄은 기장, 세 줄은 부기장, 학생 조종사는 두 줄이죠.

시간 여행자'라 표현하고 싶습니다.

편 세계 여러 나라를 가는 방법은 여러 가지지만 가장 빠른 방법은 항공기를 타고 하늘길을 가로질러 가는 것 같아요. 그래서 항공산업이 더 발전하고 있다는 생각이 들어요. 기장님이 파일럿으로 일했던 지난 35년 동안 하늘길도 많이 변했을 것 같아요. 어떤가요?

김 하늘길을 한문으로는 航路항로, 영어로는 AIR WAY라는 용어를 사용합니다. 과거의 하늘길과 현대의 하늘길이 다른 점은 크게 두 가지로 볼 수 있어요. 하나는 과거보다 항로를 이용하는 항공기가 증가하여 굉장히 복잡해졌다는 거예요. 예를 들면 서울에서 제주를 운항하는 항로가 과거에는 하나의 항로에서 고도를 분리하여 왕복했는데 현재는 하나의 항로가 더 개설되어 왕복 다른 항로를 사용해요. 서울과 제주의 구간뿐 아니라 가까운 중국에서도 항공기가 많이 증가함에 따라 하나의 항로를 사용하더라도 좌우로 거리를 두고 간격을 분리하여 교차하는 항공기의 충돌을 방지하고 있죠. 다른 하나는 항로 운영 방식의 변화입니다. 과거에는 항로의 구성이 초단파 전방향무선표지VOR와 거리측정장비DME라는 장비로 지상의 무선표지국에서 전방향으로 전파를 방사하여 항공기에 방위정보와 거리정보를 알려주어 항로를 유지해 비행했어요. 그런데 현대에는 범지구위치결정시스템GPS를 이용하여 좌표를 사용한 항로가 많이 개설되어 있어요. 항공기를 운항할 때 마주 보이는 항공기가 내가 운항하는 항공기의 바로 위 또는 아래를 정확하게 통과하는 것을 볼 수 있어요. 그런 것을 보면 정확성이 아주 뛰어난 장비들이라는 걸 알 수 있답니다.

편 하늘길만 달라진 게 아니라 지나온 시간 동안 세계 여러 나라의 변화도 몸으로 느끼셨을 것 같은데, 전 세계를 돌아다니시면서 어떤 변화를 읽으셨을까요?

김 우리가 알고 있듯이 경제적으로 우위에 있는 미국이나 서유럽의 여러 선진 국가들은 질서와 생활 문화에 있어서 과거와 큰 변화는 없는 것 같아요. 반면에 동유럽과 동남아시아 국가들의 경제 발전 속도는 굉장히 가파르게 올라오고 있다는 느낌을 받아요. 갈 때마다 도심에 새로운 건물이 건설된 것을 볼 수 있고, 편의 시설이나 문화 공간 등이 빠르게 증가하고 있죠. 변화하는 속도가 매우 빠르다는 것을 체감할 수 있고, 더불어 물가도 많이 올랐다는 것을 느낄 수 있어요. 경제 발전과 함께 동반하여 함께 상승하는 것이 시민의식이라고 생각하는데요. 경제 발전이 빠르게 이루어지고 있는 나라에 가 보면 과거와 달리 한결 성숙해지는 도덕성을 느낄 수 있습니다.

편 잡프로포즈 시리즈에 참여해달라는 요청에 흔쾌히 승낙하셨어요. 어떤 마음이셨을지 궁금해요.

김 출판업에 근무하는 고등학교 동창 친구에게 제의를 받았는데, 제가 갖고 있는 경력이나 지식, 경험 등이 타인의 삶에 영향을 줄 수 있는 만큼의 자격이 안 된다고 생각했어요. 그래서 처음엔 거절했죠. 대한민국에는 저보다 훨씬 훌륭하신 기장님이 많을 텐데 말이에요. 그런데 다른 한편으로 생각해보니 제가 사랑하는 직업을 동경하는 청소년들이 있다면 저의 과거와 현재를 알려주는 것도 도움이 될 수도 있겠다 싶어서 참여하게 되었습니다.

편 직업을 탐색하고 자신의 진로를 고민하는 청소년에게 선배 직업인으로서 어떤 이야기를 해주고 싶으세요?.

김 청소년 시기는 갈등도 많고 불안정한 미래에 대해 두려움도 많이 생기는 시기입니다. 무언가 자신이 생각하고 있는 분야에 도전을 해보려 해도 결과에 대한 불확실성 때문에 실행이 망설여지는 시기이기도 하고요. 하지만 도전하지 않으면 결과도 없기에 꿈꾸는 세계가 있다면 반드시 도전해 보라고 얘기하고 싶어요. 도전과 동시에 그 분야에 대해 노력하게 될 것이고, 노력 후에는 흥미가 생길 것이고, 그 노력과 흥미가 반드시 좋은 결과를 보여줄 것이기 때문입니다. 그리고 마지막으로 저의 이야기가 꿈을 찾는 청소년들의 진로 계획에 도움이 되기를 소망합니다.

편 무언가를 꿈꾼다면 두려워하지 말고, 걱정하지 말고 도전했을 때 좋은 결과가 있을 거라는 말씀을 해주셨어요. 그 말씀처럼 파일럿이 되는 꿈을 가진 청소년에게도, 파일럿이 어떤 직업인지 알아보고 싶은 청소년에게도 이 책이 시작점이 되기를 바라면서 『하늘을 나는 지구 여행자 파일럿』편을 시작하겠습니다.

파일럿이란

파일럿은 누구인가요

🟦편 파일럿은 어떤 직업인가요?

🟦김 항공업무종사자 중 직접 항공기를 조종하는 사람을 파일럿(조종사)이라고 해요. 항공기를 가장 안전한 방법으로 정시에 승객을 목적지까지 도착시키는 일을 담당하는 직업이죠. 비행업무에 따라 운송용 조종사, 사업용 조종사, 자가용 조종사, 부조종사로 구분해요. 조종사 중에서 항공기 운항의 안전을 책임지는 사람을 기장Captain이라고 하고, 기장을 보조하는 조종사를 민항에서는 부기장First Officer, 군에서는 부조종사Co-Pilot라고 하죠. 그 밖에도 조종사는 여객기, 전투기, 경비행기 등을 조종하며 다양한 업무를 수행해요.

우리나라에서는 공군을 제외한 대부분의 파일럿이 민간항공사에 근무하며 여객 및 화물 수송업무를 담당해요. 이 밖에도 탐색이나 구조, 항공측량이나 소독약의 분무, 농약살포 등과 같은 서비스를 제공하기도 하죠. 소형 항공기를 제외한 대부분의 항공기는 두 명의 파일럿이 조종하며 이 중 선임은 기장으로 비행에 관련된 모든 사항과 승무원을 책임지고, 부조종사는 기장과 함께 조종을 담당해요. 사회적 인지도와 경제적 안정도가 높고, 세계 각지를 여행할 수 있으며, 개인 시간이

많다는 등의 장점이 있어서
직업 만족도가 상당히 높아
요.

파일럿의 상징인 윙과 직급을
나타내는 견장

하늘을 나는 지구 여행자
파일럿

파일럿이 조종할 수 있는 항공기의 종류가 궁금해요

편 파일럿이 조종할 수 있는 항공기에는 어떤 종류가 있나요?

김 많은 사람이 비행기와 항공기를 같은 것으로 알고 혼동해서 쓰고 있어요. 그래서 이 부분부터 알려드릴게요. 항공기航空機, aircraft는 사람이나 물건을 싣고 공중을 날 수 있는 날개가 달린 탈것이나 기계를 통틀어 이르는 말이에요. 우리나라 항공안전법에서는 항공기를 비행기, 헬리콥터, 비행선, 활공기로 한정하고 있어요. 그리고 최대 이륙중량이 600kg 이하, 2인승 이하의 소형 비행기와 헬리콥터를 경량 항공기로, 행글라이더와 패러글라이더, 무인비행장치 등을 초경량 비행 장치로 구분해요. 비행선은 기구와 같이 부력을 이용하지만 동력 장치와 조종 장치를 갖추고 있어요. 하지만 이동 속도가 느려서 현재는 운송 수단으로 사용하지는 않아요. 활공기는 비행기와 같은 고정 날개를 가진 항공기로 자체에 동력 장치 없이 날개의 양력으로 비행하는 글라이더예요. 비행기에 비해 날개가 길어 양력 발생에 유리해요. 스스로 이륙할 수가 없어서 동력 항공기나 차량에 밧줄로 연결해 양력을 얻어 하늘에 띄워요. 그리고 적당한 높이가 되면 밧줄을 끊어요. 그럼 바람을 타

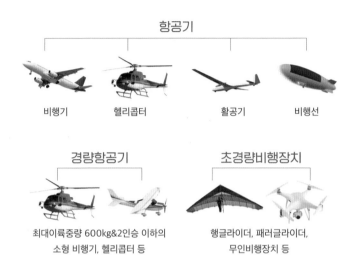

우리나라 항공안전법의 항공기 분류

항공기

비행기　　헬리콥터　　　　활공기　　　비행선

경량항공기　　　　초경량비행장치

최대이륙중량 600kg&2인승 이하의
소형 비행기, 헬리콥터 등

행글라이더, 패러글라이더,
무인비행장치 등

고 비행을 하다가 장애물이 없는 들판이나 안전한 시설이 있는 활주로에 착륙하죠. 역시 이동 수단의 역할을 하지 못하기 때문에 하와이 같은 관광지에서 체험할 수 있어요.

　그리고 항공기 날개의 고정 여부에 따라 고정익(고정날개) 항공기와 회전익(회전날개) 항공기로 구분할 수 있어요. 고정익 항공기는 제트기관이나 프로펠러를 회전시켜 추진력을 얻는 엔진을 장착하고 양력을 발생시키는 날개가 동체에 고정되어 있는 항공기예요. 수상 비행기, 육상 비행기, 수륙 양용 비행기 등이죠. 회전익 항공기는 고정익의 주날개에 해당하는 로터가 회전하여 날개와 공기의 상대 운동으로 발생하는 양력을 이용해서 비행하는 항공기로, 헬리콥터를 말합니다. 헬리콥터는 공중에서 제자리 비행을 할 수 있는 유일한 항공기로 구조와 소방 목적으로 주로 사용되죠. 이 모든 항공기를 조종하는 사람이 조종사, 즉 파일럿이에요. 물론 각각의 항공기를 조종할 수 있는 자격증은 따로 있습니다.

편 항공기는 여러 종류가 있고, 그런데 각각의 항공기마다

✈ 바퀴를 내리고 착륙을 준비하는 B787 비행기

조종사 자격증을 따로 취득해야 한다는 것인가요?

김 네, 맞아요. 비행기 조종사, 헬리콥터 조종사, 비행선 조종사, 활공기 조종사 자격증은 다 따로 있어요. 비행기와 헬리콥터 조종사는 수요가 많아서 교육기관이 많은데 비해 비행선과 활공기는 국내에 거의 없어서 자격증을 취득하기 어렵다는 문제가 있지만 항공기마다 따로 자격을 취득해야 조종할 수 있답니다. 자격증 취득에 관해서는 뒤에서 자세히 이야기할게요.

항공기는 어떻게 발명되었을까요

편 파일럿이라는 직업의 탄생을 이야기하려면 항공기가 어떻게 나오게 되었는지를 먼저 알아야 할 것 같아요. 항공기 발명에 관한 역사에 대해서 간략하게 말씀해주세요.

김 하늘을 나는 물체를 맨 처음 고안해 낸 사람은 이탈리아 출신의 예술가이며 과학자인 레오나르도 다빈치 Leonardo da Vinci 였죠. 그는 오니숍터 Ornithopter 의 설계도를 스케치로 남겼어요. 오니숍터는 인간의 힘만으로 비행할 수 있는 인력비행의 기구인데요. 새의 운동을 자세히 관찰하고 공기의 흐름과 저항을 연구한 결과 인간의 힘으로 날아가게 되는 날개치는 비행기, 즉 오니숍터를 설계한 것이죠. 새나 곤충처럼 날갯짓하는 장치로 인간을 태우고 비행하는 아이디어는 좋았지만 이게 실현 가능한 건 아니었어요. 실제로 날아보겠다는 사람들이 높은 곳에서 떨어져 죽는 일이 반복되던 어느 날, 이탈리아의 생리학자이며 수학자인 보렐리 Giovanni Alfonso Borelli 는 새의 날개치는 힘과 인체 근육의 관계를 깊이 연구한 결과 인간은 자신의 힘만으론 비행이 불가능하다는 결론을 내렸어요. 그게 1680년이니까 다빈치가 오니숍터를 설계한 때로부터 150년 이상 지난 시기였죠.

인력비행의 꿈은 이루어지지 않았지만 하늘을 날고 싶은 사람들의 마음은 꺾이지 않았고 열기구를 개발하기에 이르렀어요. 1783년 프랑스에서 몽골피에 Montgolfier 형제에 의해 열기구 비행 실험이 이루어졌는데, 처음엔 오리와 닭, 양 등의 동물을 싣고 비행 실험을 한 뒤 10월 15일에 물리학자 필라트르 드 로지에 Jean-François Pilâtre de Rozier 가 조종한 열기구가 하늘로 날아올랐죠. 이때는 26m짜리 밧줄로 열기구를 땅에 연결시켰기 때문에 완전한 비행이 아니었고 다음달 있을 유인비행의 리허설이었어요. 그리고 11월 21일 열기구 조종 교습을 받은 드 로지에와 열기구 탑승에 지원한 왕실 경비병 다를랑드 François Laurent d'Arlandes 가 탄 열기구가 날아올랐어요. 밧줄도 없는 열기구 비행은 처음이라 두 사람은 목숨을 걸어야 했죠. 마침내 열기구가 떠오르고 비행은 25분 동안 950m 고도에서 9km를 날았어요. 이게 최초의 유인비행입니다. 이 비행은 베르사유궁에서 루이 16세 국왕 부부가 지켜보는 가운데 열렸는데, 수많은 군중이 아침부터 몰려와 근처 숲이 인파와 함성으로 가득 찼다고 해요. 최초의 열기구는 양털과 짚을 태운 열기를 이륙동력으로 사용했어요. 항공기가 발명되기 전까지 열기구는 공중정찰이나 폭격, 우편물 공수 등에 많이 이용되었죠.

항공의 역사에서 중요한 인물은 누구인가요

편 항공의 역사에서 중요한 인물은 누구인가요?

김 항공 역사에서 중요한 인물은 조지 케일리George Cayley, 오토 릴리엔탈Otto Lilienthal, 라이트 형제Wright brothers를 꼽을 수 있어요. 조지 케일리는 항공기가 하늘을 날 수 있는 항력과 양력의 원리를 설명했고, 오토 릴리엔탈은 공기 역학을 응용해 무동력으로 날 수 있는 글라이더를 개발했고, 라이트 형제는 동력을 이용해 무거운 물체도 하늘을 날 수 있다는 것을 보여주었죠. 이 이야기를 조금 더 자세하게 해 볼게요.

열기구 비행에 자극을 받은 영국의 엔지니어이자 발명가인 조지 케일리는 1799년에 모형 글라이더의 구조를 디자인했어요. 1804년엔 최초로 모형 글라이더를 만들었고, 1809년엔 무인 글라이더를 날리는데 성공했죠. 이 연구의 결과를 논문으로 작성해 발표했는데요. 현대 비행기의 원리와 동일하게 양력과 항력의 원리를 설명했어요. 그는 '만약 적절한 동력으로 항력을 이겨내면 양력을 이용해 중력을 극복할 수 있다'고 말했죠. 사람들이 날개치기 방식으로만 하늘을 날 수 있다는 생각을 할 때였는데, 기계적 방식에 의한 비행 가능성을 제기했어요. 실제로 그는 1849년 연구를 거듭한 끝에 3겹 날개 글라이더를 만들었는데, 이게 오늘날 비행기의 형태의 근간을 이룹니다. 또 이 글라이더로 최초로 사람을 태운 비행에도 성공했어요. 최초의 유인 활공이죠. 이러한 업적을 토대로 조지 케일리는 '비행의 아버지 The father of aerial navigation'로 일컬어지게 되었어요.

오토 릴리엔탈은 무동력이긴 하지만 사람이 조종 가능한 글라이더를 개발한 독일의 기술자예요. 그는 자신이 개발한 글라이더로 1891년 첫 비행에 성공했고, 이후에 수천 번의 실험을 통해 비행 이론을 확립했어요. 하지만 1896년 비행 중 돌풍을 만나 글라이더가 추락하는 사건으로 사망했어요. 비록 동력 비행엔 성공하지 못했지만 그가 실험한 공기 역학 등은 비행기 개발의 역사에 매우 중요한 업적을 남겼죠.

그리고 뒤이어 오토 릴리엔탈의 영향을 받은 라이트 형제가 수년 동안 실험을 거쳐 개발한 '플라이어 Wright Flyer' 복엽기로 1903년 12월 17일 인류 최초로 동력 비행에 성공합니다. 이날 세 번의 비행 실험을 했는데요, 세 번째는 59초 동안 260m를 나는 데 성공했어요. 이 날의 비행은 '인류 역사상 공기보다 무거운 조종 가능한 비행체의 첫 성공'이라고 기록되었죠. 여기서 잘 봐야 할 것은 '공기보다 무거운'과 '조종 가능한'이에요. 공기보다 무거운 물체를 하늘에 띄우기 위해 사람들은 비행기의 동력이 될 내연기관, 즉 강력한 엔진에 초점을 맞추었을 때 라이트 형제는 조종 방식과 비행 원리와 공기 역학에 집중했어요. 풍동(윈드터널)을 직접 제작해 실험하면서 공기보다 무거운 물체가 하늘을 날 수 있는 방법을 찾아낸 거죠. 그리고 그들은 비행의 기본이 조종에 있다고 보았어요. 비행기를 안정적이고 효과적으로 조종할 수 있는 '3축 운동'을 이용했죠. 이 방식은 현재까지도 고정익 비행기의 기본 조종 방식으로 이어지고 있습니다.

이렇게 사람들은 하늘을 날고 싶은 소망을 이루기 위해 각종 실험과 연구를 하게 되었고, 마침내 1933년 미국의 보잉사에서 최초로 비행기의 몸체를 모두 금속제로 만든 보잉 247을 개발했어요. 10인승 민간인 항공기였던 보잉 247의 출현으로 항공기 제작 산업은 급격하게 발전했고, 이후 1954년에는 대서양을 횡단하는 제트여객기가 개발되어 유럽과 미국을 오가게 되었어요. 뒤이어 초음속 여객기도 개발되는 등 기술의 발전과 더불어 항공기는 지금도 진화하고 있답니다.

비행기는 어떤 원리로 하늘에 뜨나요

편 비행기는 어떤 원리로 하늘에 뜨나요?

편 비행기는 어떤 원리로 하늘에 뜨나요?

김 비행 원리를 이해하려면 4가지 힘의 작용을 알아야 합니다. 바로 추력Thrust과 항력Drag, 양력Lift과 중력Gravity이죠. 물체가 하늘에 뜨려면 지구의 중력보다 더 큰 힘이 필요한데 이 힘을 추력이라고 해요. 프로펠러와 제트 엔진 등으로 공기를 항공기 뒤쪽으로 밀어내어 작용-반작용의 원리를 통해 항공기가 앞으로 나아가도록 하는 힘이 추력이에요. 항력은 앞으로 나아가는 항공기에 저항하여 항공기 뒤쪽으로 작용하는 일종의 공기 마찰인데요. 만약 추력이 상실되면 비행기는 앞으로 나아가는 속도를 잃게 돼요. 그리고 양력은 비행기가 앞으로 나아가면서 날개 윗면과 아랫면의 압력 차이에 의해 수직으로 형성되어 항공기를 위로 띄우는 힘을 말해요.

비행기가 하늘에 계속 떠서 움직일 수 있는 원리를 가장 잘 설명할 수 있는 이론으로 처음 제기된 것은 베르누이의 원리였어요. 베르누이Daniel Bernoulli는 18세기 스위스의 수학자이자 과학자였어요. 그는 유체는 빠르게 흐르면 압력이 감소하고, 느리게 흐르면 압력이 증가한다는 원리를 발견했죠. 즉 속도와 압력의 관계를 통해 양력이 발생한다는 내용이었어요. 이 원리에 따라 비행기가 뜨는 것을 설명해 볼게요. 비행기 날개의 단면을 보면 에어포일airfoil이라 해서 일반적으로 윗면은 볼록하고 아랫면은 윗면보다 평평해요. 비행기가 날 때 바람이 날개 앞면에서 뒷면까지 도달하는 시간은 동일해요. 그런데 윗면의 길이가 더 길기 때문에 속도가 더 빠르죠. 속도가 빠르면 압력이 낮고 속도가 낮으면 압력이 높아지는 원리에 따라 압력은 아래쪽에 더 크게 형성돼요. 이에 따라 압력이 높은 아랫면의 공기가 압력이 낮은 윗면의 공기를 밀어올리기 때문에 양력이 발생해 비행기가 뜰 수 있다는 원리예요.

그런데 이것만으로 양력이 발생하는 원리가 다 설명된 건 아니었어요. 오히려 뉴튼의 작용 반작용 법칙이 양력 발생을 설명하는 원리로 밝혀졌는데요. 어떤 물체가 다른 물체에 힘을 작용하면, 그 다른 물체도 어떤 물체에 반대 방향으로 같은 힘을 작용하는 법칙에 의해 양력이 발생한다는 거죠. 좀 어려운가요? 예를 들어볼게요. 자동차가 달릴 때 손을 창 바깥으로 뻗어 손끝을 차가 달리는 방향으로 향하고 손바닥을 수평상태에 두었다가 조금씩 손끝을 들어 경사를 만들어보세요. 바람은 손등 위로 빠르게 앞으로 나아가는데 오히려 손이 위로 뜨는 걸 경험할 수 있을 거예요. 손을 뜨게 만드는 힘이 바로 양력이에요. 공기가 손바닥에 부딪혀 아래 방향으로 흐르는 것

B787. 비행기의 외형을 보면 양력이 발생하는 원리를 알 수 있어요.

이 작용과 반작용의 원리죠. 비행기가 뜨는 원리는 물리학의
법칙과 연관이 많아서 좀 어렵지만 관심이 있는 친구들은 좀
더 깊게 공부해 보는 것도 좋을 거예요.

우리나라 최초의 비행사는 누구인가요

편 항공기는 개발된 지 얼마 지나지 않아 세계 여러 나라에 도입되었고 사람들이 항공기를 조종하는 비행사에 관심이 많았다고 해요. 우리나라에서도 이른 시기에 항공기를 볼 수 있었다고 하는데, 우리나라 최초의 비행사는 누구인가요?

김 이 문제는 아직 확실히 결론이 나지 않은 걸로 알고 있어요. 사람들이 최초의 비행사로 알고 있는 안창남의 이야기를 먼저 할게요. 한반도 상공에 비행기가 처음 날았던 때는 1922년 겨울이었어요. 1913년 라이트 형제가 비행기를 발명하고 나서 10년 뒤였죠. 안창남은 1921년 일본에서 최초로 치러진 비행기 면허 시험에 합격했고, 이듬해 한반도에서 수만 군중이 지켜보는 가운데 시험 비행을 했죠. 한반도에서 비행기를 조종한 최초의 비행사는 안창남이지만 당시에 그보다 먼저 비행기 조종을 배웠던 한국인들이 있었어요. 얼마 전까지 최초의 한국인 비행사로 알려졌던 인물은 서왈보였어요. 그는 1919년 중국 남원항공학교를 마치고 조종사가 되었죠. 그런데 최근에 새로운 사실이 밝혀졌어요. 서왈보보다 1년 앞서 미국에서 비행기 조종사가 된 사람이 있었던 거죠. 1903년 일곱 살 때 아버지를 따라 하와이로 이민 간 이응호(조지 리)라는 사람입니다. 그는 1차 세계대전 중이었던 1917년 미군에 입대했고, 1918년 미국 육군 항공대 항공학교를 마치고 조종사가 되었어요. 그리고 1차 세계대전에 참전해 유럽 전선에서 투입되었어요. 그의 활약상이 당시 '신한민보'에 나와 있어요. 기사에 따르면 이응호는 '프랑스와 독일 국경 지대에서 휴전 조약 때까지 공기선을 탔다'고 해요. 그런데 문제는 그가 조종한 것이 공기선이라는 거예요. 공기선은 비행선이라고도 하는데 튜브 모양을 하고 있어서 비행기가 아니에요. 당시에는 조종사가 비행기와 비행선 모두를 조종했었다고 하는데, 이응호도 그랬는지, 아니면 비행선만 조종했는지는 아직 밝혀지지 않았어요. 그런데 누가 최초인가 보다 중요한 건 비행기가 개발된 지 얼마 되지 않았고, 당시에는 사고도 많아서 목숨을 걸어야 했는데도 많은 사람이 조종사가 되기를 원했다는 것 같아요. 그만큼 신문물에 대한 호기심도 많고 기대도 많았던 거죠.

최초의 우리나라 여성 조종사는 누구인가요

편 최초의 우리나라 여성 조종사는 누구인가요?

김 서왈보가 조종사가 되었던 그 시기에 중국 각지에 있는 비행학교에서 교육을 받고 조종사가 된 한국인들이 여럿 있었는데요. 그중에 한국인 최초의 여성 비행기 조종사 권기옥도 있었습니다. 권기옥은 중국 윈난항공학교 1기생 출신으로 1925년 중국군 전투조종사로 임관했어요. 독립운동을 하기 위해 비행사가 되기를 원했던 그녀는 꿈을 이루었고, 중일 전쟁이 발발해 더 이상 비행을 할 수 없게 되자 남편과 함께 독립운동을 했죠. 그리고 광복 이후 대한민국 공군 최초의 여성 비행사 김경오도 빼놓을 수 없어요. 김경오는 1948년 여자 항공병으로 공군에 입대해 1952년 단독 비행에 성공하며 대한민국 정부 수립 이후 최초의 여자 비행사가 되었죠.

파일럿의 업무
A to G

비행 준비를 하는 순간부터 비행기가 안전하게 목적지에 도착할 때까지 파일럿은 여러 가지 업무를 하게 되는데요. 비행을 준비하는 과정부터 시작해, 조종석에 앉기까지 필요한 절차는 무엇인지, 조종석에 앉아서 점검하는 것은 무엇이고, 비행 중 일어나는 일에 어떻게 대처하는지, 착륙할 때는 무엇을 주의해야 하는지 등 파일럿의 업무를 구체적으로 알려드립니다.

A. 출근 및 운항승무원 브리핑

편 파일럿이 출근해서 퇴근할 때까지 하는 구체적인 일을 알아보는 시간입니다. 먼저 비행에 앞서 준비해야 할 것은 무엇인가요?

김 파일럿이 비행을 수행하는 과정을 순서대로 풀어볼게요. 먼저 회사마다 정해진 출근 시간에 공항으로 출근합니다. 예를 들어 이륙 2시간 전에 출근한다면 그때부터 업무가 시작된다고 할 수 있어요. 항공 관련 업무를 할 때 혈중알코올농도를 측정해야 하는 사람들이 있어요. 파일럿도 해당되기 때문에 출근해서 제일 먼저 하는 일은 음주 측정이에요. 혈중알코올농도가 0.02퍼센트 이상인 경우 업무를 정상적으로 수행할 수 없어요. 자동차 음주운전의 기준이 0.03퍼센트인 것에 비하면 기준이 더 엄격한 거죠. 항공법에서는 근무 개시 전 8시간 이내에는 음주 행위를 금지하고 있는데, 국적 항공사들은 대부분 이보다 더 기준을 강화해 12시간 이내에 음주를 금하고 있죠. 음주 측정은 2020년 코로나19 사태가 확산되면서 중지했다가 2023년 9월 1일부터 재개되었어요.

다음으로 전산으로 관리되는 출근 서명을 한 후 운항관리사가 태블릿 PC를 통해 제공하는 운항비행계획서를 다운로드

받아서 검토합니다. 이 서류는 실제 항공기 운항을 위해 작성된 비행계획으로 항공기 출/도착, 항로, 비행시간, 비행고도 등 기본적인 내용을 포함해, 비행제한 요소인 노탐*, 잔여 연료량, 탑승객과 화물 예약 현황, 기상 조건 등 운항에 필요한 모든 정보가 담겨있어요. 장거리 비행의 경우 70~80 페이지가 넘기도 해요. 그날 비행에 참여하는 조종사는 각자 서류 검토를 하고, 그게 끝나면 기장의 주관 하에 운항승무원 브리핑을 시작해요. 비행기 운항을 위해 탑승하는 사람들을 모두 승무원이라고 하는데, 조종을 담당하는 운항승무원과 객실서비스를 담당하는 객실승무원으로 나뉘어요. 객실승무원과는 나중에 합동브리핑을 하고 그전에 운항승무원들이 모여 그날의 비행에 대한 브리핑을 하죠. 비행을 함께 하는 조종사가 적게는 2명에서 많게는 5명까지 있어요. 그래서 운항에 대한 과정과 필요한 정보를 공유하는 시간을 가지는 거예요.

---

*'Notice to Airman'의 약어로 항공고시보라고 해요. 국가는 운항 관계자에게 기상 정보와 함께 항공기 운항 제한 사항에 대한 정보를 고시하는데요. 항공보안을 위한 시설과 업무 또는 방식 등의 설치와 변경 사항, 위험의 존재 등에 대한 정보들로 항공기 운항에 없어서는 안 될 중요한 정보예요. 조종사는 비행에 앞서 반드시 노탐을 체크하여 출발 여부와 항로 선정 등 비행 계획의 자료로 삼아요.

✈ 비행 전에 운항브리핑을 하는 조종사들

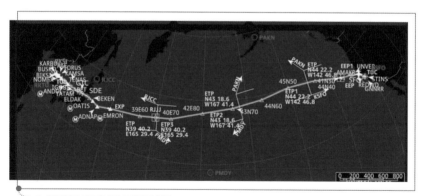

✈ 인천에서 샌프란시스코까지의 항로

하늘을 나는 지구 여행자
파일럿

편 탑승하는 파일럿의 수가 달라지는 이유는 뭔가요?

김 비행기에 탑승하는 조종사의 수는 비행근무시간^{Flight Duty}
Period과 승무시간^{Flight Time}에 따라 달라져요. 비행근무시간은
운항승무원이 비행을 위해 근무를 시작한 순간부터 비행이 종
료될 때까지의 시간을 의미해요. 보통 조종사가 근무를 위해
공항에 출두한 시각부터 브리핑, 비행, 비행근무를 마치고 사
후 브리핑이 끝날 때까지 포함된 시간이에요. 승무시간은 비
행기의 경우 이륙을 목적으로 최초 움직이기 시작한 때부터
비행이 종료되어 비행기가 정지한 때까지의 총 시간을 말해
요. 그러니까 실제로 조종사가 조종간을 잡고 운행한 시간을
뜻하죠. 우리나라 항공법에는 조종사의 비행근무시간과 승무
시간에 대한 규정이 있어요. 비행근무시간과 승무시간에 따라
몇 명의 조종사를 편성할 건지 결정되는 거예요. 예를 들어 승
무시간이 16시간으로 비행근무시간이 20시간이 예상될 때 항
공사는 두 명의 기장을 포함해 네 명의 조종사를 편성할지, 세
명의 기장과 두 명의 조종사를 편성할지 등을 결정해요. 다음
표는 국토교통부에서 발간한 운항기술 기준에 기술된 최대 승
무시간 및 비행근무시간 기준이에요. 우리나라 항공사는 항공
기관사를 운영하지 않기 때문에 그 자리를 조종사로 편성해
요. 실제로 대부분의 항공사는 국토교통부가 제시한 기준보다

비행근무를 교대하고 객실에서 휴식을 취하는 김진국 기장

더 많은 운항승무원을 탑승시켜요.

연속 24시간 동안 최대 승무시간 및 비행근무시간

운항승무원 편성	최대 승무시간	최대비행 근무시간
기장 1명	8	13
기장 1명, 기장 외 조종사 1명	8	13
기장 1명, 기장 외 조종사 1명, 항공기관사 1명	12	15
기장 1명, 기장 외 조종사 2명	12	16
기장 2명, 기장 외 조종사 1명	13	16.5
기장 2명, 기장 외 조종사 2명	16	20
기장 2명, 기장 외 조종사 2명, 항공기관사 2명	16	20

출처: 국토교통부

편 승무시간이 길 때는 파일럿을 많이 투입해서 교대로 비행 업무를 수행하는 건가요?

김 네, 그렇습니다. 항공법에 따르면 조종사의 최대 승무시간이 16시간을 초과할 수 없어요. 그런데 예외 규정이 있어요. 2022년 러시아와 우크라이나가 전쟁을 시작하면서 러시아 영공에 못 들어가게 되자 16시간 이상 비행해야 목적지에 도착하는 상황이 생겼어요. 그렇다고 운항을 안 할 수는 없기 때문에 한시적으로 운항 허가가 나와요. 이때는 기장 세 명에 부기장 두 명이 편성되고, 출발지와 목적지에서 평소보다 많은 휴식시간을 보장해 줘요.

편 상황에 따라 비행에 투입되는 조종사의 수가 다른 거군요. 그럼 운항에 편성된 조종사들이 각자 서류를 검토하고, 책임을 맡은 기장 주관 하에 운항승무원 브리핑을 하는 거네요. 서류를 검토한다는 건 어떤 의미인가요?

김 운항비행계획서는 말 그대로 비행기 운항이 시작된 때로부터 끝날 때까지 운항에 필요한 모든 과정과 정보들이 들어있어요. 그래서 서류를 검토하는 과정은 이번 비행에서 마주치게 될 문제는 무엇인지 파악하고 해결 방법을 찾는 거예요. 여러 명의 조종사가 각자 서류를 검토하고 순조로운 비행을 위해 자신이 할 수 있는 해결 방법을 찾는 과정이기도 하죠. 이렇게 각자 검토한 내용을 가지고 브리핑을 할 때 의견을 나눕니다. 만약 네 명의 조종사가 한 팀이라면 네 사람이 각자 검토한 내용 중에서 문제가 되는 건 뭐고, 어떻게 해결할 수 있을 것 같다는 의견을 냈을 때 다른 조종사들이 동의하면 그렇게 결정해요. 다른 조종사가 미처 생각하지 못한 문제점을 찾아내면 미리 대처할 시간이 마련되니까요. 브리핑하는 시간은 이렇게 여러 명이 서로 의견을 내고 맞춰가는 시간이죠.

편 운항비행계획서를 보고 조종사는 어떤 문제들을 발견하는 건가요?

김 예를 들어 기상정보를 봤더니 항로 중에 터뷸런스 지역을 만나는 구간이 있어요. 터뷸런스Turbulence는 기체가 흔들리는 Turbulent 현상 혹은 구역을 뜻하고, 항공 용어로는 항공기가 비행 중 난류 등의 이유로 기체가 심하게 흔들리는 것을 말해요. 이 구간을 지날 때 요란이 있겠구나 예상하죠. 그럼 고도를 달리하면 터뷸런스의 영향을 피해갈 수 있는지 생각해 봐요. 고도를 달리할 때 연료는 얼마나 더 소모될지도 계산해야 해요. 이 계산 결과를 가지로 운항관리사와 협조를 해서 연료를 더 탑재해야 할 수도 있어요. 그런데 또 문제는 이 항로를 지나는

```
SPEED SKD    CLB-310/.85M CRZ-  50 DSC-.84M/300 APMS/P 01.1 PCNT. IFR

             FUEL  TIME   DIST  NAM         PLAN      AGTOW 04864
TRIP         0652  05.49  2359  2758        SOW 02839 RWY   05450
RESERVE      0162  01.31
  ALTN/VDPP  0097  00.48  0300  0293        PLD 00652 ACL   01161
  FINAL RES  0045  00.30  T/O     Z         ZFW 03491 MZFW  04000
  3 PCT CONT 0020  00.13  F/T 05.49         TOF 00864 TOF   00864
  REFILE RES 0000  00.00  ETA     Z                         04864
RQD TAKEOFF  0814  07.20  HRS UTC+0700      TOW 04355 MTOW  05450
DISC         0050  00.33  ETA     L         TIF 00652 TCAP  05450
TANKERING    0000  00.00  RSN/    /         LDW 03703 MLDW  04250
PLN TAKEOFF  0864  07.53  ACTL              PAX       TIF   00652
                                            CGO             04902
TAXI         0012
RAMP OUT     0876  07.53  ACTL
FOD          0212  02.04  ACTL       ETD RKSI 0820Z ETA VTBS 1409Z


2ND-$     320 0682 05.38


RKSI..BOPTA Z51 BEDES Y711 MUGUS Y742 SALMI Q11 TACLE B591 HCN G86
KAPLI..MADRU..SULUX..IGLEG..IKELA A1 UBL Y20 GRASO Y13 RUKSA..
EASTE..VTBS
```

 비행계획서의 HEAD 부분으로 비행시간, 필요 연료량, 이륙 및 착륙 중량 등이 표기되어 있어요.

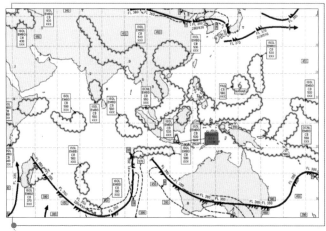 구름의 위치와 높이, 제트기류의 위치와 바람의 방향/ 세기 등이 나타나 있는 기상도를 보고 요란 구역 및 적란운 지역 등을 미리 예측하여 회피할 수 있어요.

비행기들도 모두 같은 생각을 할 거란 말이에요. 그럼 한 곳에 비행기들이 몰리니까 관제사의 허가가 나오지 않을 수도 있어요. 그러면 항로를 많이 바꿔서 우회하는 방법을 생각하는 거죠. 우회로를 탐색할 때도 마찬가지로 연료 소모의 양도 고려해야 하지만 비행시간을 맞추는 방법도 계산해야 해요. 그리고 기상에서 더 살펴볼 것은 전선의 이동, 적란운의 위치와 제트기류가 통과하는 기상이에요. 이 지역에는 반드시 터뷸런스가 발생해요. 적란운積亂雲, cumulonimbus cloud은 수직으로 높이 치솟아 있어서 산이나 탑처럼 보이는 구름으로 폭탄이 터지는 듯한 모양으로 하늘 높이 솟아올라서 어떤 때는 5만 피트까지도 올라와요. 대부분의 비행기는 5만 피트까지 올라가지 못해요. 그러니 어떻게 하겠어요, 피해 가야죠. 그럼 또 우회하는 방법을 찾아요. 바람의 방향과 속도가 급격하게 변하는 구간도 체크하고 가능하면 미리 대비하려고 해요. 그리고 이런 기상정보는 나중에 객실승무원과도 공유하여 식사 서비스 시기 조정 등을 같이 협의해야 하는 내용이에요.

편 또 신중을 기해서 살펴봐야 할 정보는 뭐가 있을까요?

김 조종사는 비행에 앞서 반드시 노탐을 체크해서 출발 여부와 항로 선정 등 비행 계획의 자료로 삼아요. 노탐은 국가가

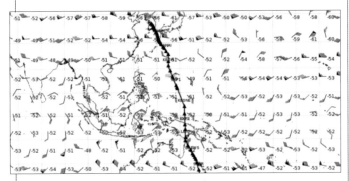

```
0015  N33 45.1  155 370 ---/039 1230 55 30079P068 04 483  001  003
ISE   E129 46.9 159        /                      38 551 00.39 0138/
                147                                ISHIDA
0033  N33 13.4  170 370 ---/039 1223 55 30076P050 03 483  004  007
OLSUB E129 59.2 176        /                      38 533 00.43 0145/
                162                                OLSUB
0040  N32 35.2  169 370 ---/078 1213 54 29060P042 04 485  005  010
KAZSA E130 14.2 176        /                      41 527 00.48 0155/
                162                                KAZSA
0030  N32 07.1  169 370 ---/078 1206 53 29066P039 06 486  003  007
TEMIP E130 25.2 176        /                      41 525 00.51 0162/
                162                                TEMIP
0027  N31 41.8  169 370 ---/079 1200 52 29069P036 04 487  003  006
HKC   E130 35.0 177        /                      41 523 00.54 0168/
                162                                KAGOSHIMA
0009  N31 32.9  168 370 ---/079 1198 52 29071P035 05 487  001  002
ELPAG E130 38.3 176        /                      41 522 00.55 0170/
                162                                ELPAG
0014  N31 20.0  169 370 ---/079 1195 52 28072P034 06 487  002  003
KINKO E130 43.2 176        /                      41 521 00.57 0173/
                162                                KINKO
0014  N31 06.6  169 370 ---/079 1192 52 28074P034 06 487  001  003
TOZAK E130 48.2 176        /                      45 521 00.58 0176/
                162                                TOZAK
```

항로의 구성 및 시간 거리
연료소모량 등이 적힌 비행계획
서의 일부

비행 중 공역, 항로, 공항에서의
각종 제한사항을 알려주는 NOTAM

```
KE0401 ICN/SYD                              PRINTED AT 25MAY23 0750Z

EDTO:   RJBB   RPMD   YBCS
REFILE: YBBN   YBCG
ERA:    ZSPD   RKSI   RJBB   RDAH   PGSN   AYPY   YBCS   YBBN   YSSY

[EDTO] RJBB/ KIX/ KANSAI INTL, OSAKA, JAPAN

STATION INFO
1. RUNWAY : 06L/24R : 13123FT X 197FT  06R/24L : 11483FT X 197FT
2. COMPANY RADIO : 130.950 [ALL] KOREAN AIR KANSAI
               NIL [JINAIR] DO NOT USE KE RADIO

■ COMPANY MINIMA FOR CAT II/III

RNY 06L/06R/24L/24R
CAT II : DH 100FT, RVR 300M / 175M / 75M OR
DH 100FT, RVR 450M / 150M / 75M

■ COMPANY ADVISORY
1. 18SEP20 00:00 - UFN                          RJBB COAD00/20
   PARKING STAND FOR CGO ONLY PAX ACFT : CGO TRML
   -- BY SELOC --
2. 27JUL22 00:00 - UFN                          RJBB COAD01/20
   / SIMILAR CALLSIGN //
   MULTI KE FLEET OPERATE ON SAME FREQ IN KANSAI CONTROL AREA.
   (EX: KE554 AND KE552)
   PLZ PAY MORE ATTENTION TO ATC COMMUNICATION.
```

항로 상의 바람 방향 및 바람의 세기를 알려주는 기상도

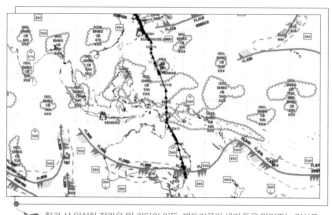

항로 상 위치한 적란운 및 기단의 이동, 제트기류의 세기 등을 알려주는 기상도

고시하는 정보인데요, 여러 항목이 있어요. 그 중에 주의해야 할 내용은 항로나 공항에 해당되는 제한 사항이에요. 예를 들어 평소에는 비행금지구역이 아닌데 군사훈련 등의 이유로 금지구역으로 설정될 때가 있어요. 언제부터 언제까지, 어디부터 어디까지 통제하니 비행을 하면 안 된다는 내용이죠. 비행고도도 거주지를 지날 때 가능한 범위와 산악지역을 지날 때 비행 가능한 범위가 달라요. 노탐은 우리 정부에서 고시한 내용만 있는 건 아니에요. 목적지에 따라 여러 나라 영공을 지나야 한다면 항로에 있는 모든 나라에서 고시한 항목도 살펴봐야 해요. 일본에 가는 단거리 구간이라면 우리나라 영토와 일

본 영토에 관한 노탐만 보면 돼요. 그런데 유럽의 어느 나라에 가는 장거리 구간이라면 살펴봐야 할 내용이 정말 많아요. 우리나라에서 출발해서 유럽에 가려면 몽고와 중국의 영공을 지나야 하고, 유럽으로 넘어가면 10여 분마다 한 나라를 지나야 해요. 한 나라의 영공에 진입할 때마다 그 나라의 관제사에게 어느 항공의 무슨 비행기인데 고도가 얼마고 해당 관제공역의 마지막 지점과 도착 예상 시간 등을 보고해야 해요. 그 나라 관제사들도 우리가 제출한 운항비행계획서를 가지고 있어서 어떤 루트로 비행할지 다 알고 있어요. 그런데 무슨 특별 지시가 있어서 속도가 변하거나 루트가 변하는 경우가 있어요. 그럴 때는 관제사에게 변경된 것을 이야기해 주어야 해요. 반면에 장거리 비행이라도 미국에 갈 때는 확인할 게 유럽보다는 많지 않아요. 우리나라와 미국 사이에는 일본만 있어요. 일본 관제사와 교신을 마치면 미국 영공에 들어설 때 주파수를 한 번 바꿔준 후 미국 대륙에 도착할 때까지는 교신할 일이 거의 없죠.

편 목적지가 어디인가에 따라 확인해야 할 항목이 다르다는 얘기군요. 만약 노탐이 고시한 내용을 확인하지 않고 어겼다면 무슨 일이 벌어지나요?

김 노탐에 제한사항이 있는 것을 무시하고 어겼을 경우에는 제재가 따릅니다. 벌금을 물기도 하고 최악의 경우 운항 노선 감소도 생기는 등 회사에 손실이 발생해요. 그래서 국가에서 제공하는 노탐 외에 회사에서 제공하는 정보도 있어요. 자주 어길 수 있는 항목들에 대해서 주의를 요한다거나 충고하는 내용들이 담겨있죠. 공항에 대한 정보도 그 중 하나인데요. 인천에서 출발하는 항공기라면 인천공항에서 주의해야 할 것과 목적지 공항에서 실수하기 쉬운 것들을 알려줘요. 국가에서 공식적으로 고시하지는 않았지만 조종사들이 자주 어길 수 있는 것들이 있으니 주의하라는 거죠. 특히나 활주로에 관계된 내용은 꼼꼼하게 살펴야 해요. 인천공항은 현재 공사 중이에요. 그래서 노탐이 자주 바뀌어요. 회사에서는 조종사들에게 새로 고시되는 노탐을 자주 확인하라고 권하고 있어요. 주로 어디 구간이 언제까지 닫혀있다는 내용으로 비행기가 이·착륙할 때 이 정보는 매우 중요해요. 탑승객을 태운 비행기가 이륙하려면 활주로로 진입해야 하는데요. 공항 안에는 탑승구도 많고 길목마다 비행기가 주기되어 있어서 정해진 유도로를 따라 활주로를 찾아가야 해요. 일반인의 눈에는 훤하게 트인 공간에서 활주로를 찾아가는 게 뭐가 어려운 일일까 생각할 수도 있어요. 그런데 공항의 활주로와 주변에는 세밀하게 구역이 나뉘어 있어요. 나누어진 구간은 알파벳과 숫자로 이름을 붙여놓았어요. 노탐에 보면 언제부터 언제까지 어느 구간이 닫히니 어디로 우회하라는 내용이 있어요. 이때 노탐을 확인하지 않아서 닫혀있는 구간에 진입했다면 문제가 생겨요. 잘못 들어갔으면 후진해서 나오면 되지 않냐고요? 그런데 여러분이 아셔야 할 게, 비행기는 안전을 위해 후진이 금지되었어요. 만약 이 구간에 진입했다면 비행기를 견인할 수 있는 토잉카를 불러 이동해야 하는 번거로움이 있죠. 그러면 출발 시간이 지연되는 문제도 발생하고, 다른 항공기의 이동을 방해할 수 있어요. 그래서 이런 일이 생기지 않도록 공항 내에 걸려있는 제한 요소들을 잘 살펴봐야 한답니다.

B. 조종사 증명서 확인

편 운항브리핑이 끝나면 다음엔 무엇을 하나요?

김 책임을 맡은 기장이 조종사들이 각자 소지해야 할 각종 자격 증명서를 검사합니다. 기장이 여러 명일 때는 회사에서 PIC Pilot In Command라 불리는 책임을 맡는 기장 한 명을 지정하여 운영해요. 이렇게 책임을 맡은 기장은 조종사들의 항공기를 조종할 수 있는 유효한 각종 증명서와 항공신체검사증명서, 항공무선통신사 자격증, 저시정 운영 자격증 등을 확인해요. 이 모든 자격증은 항공기 운항의 자격과 조건들을 포함하고 있어요. 조종사는 관제사들과 무선 통신을 해야 하니까 항공무선통신사 자격증이 있어야 합니다. 또 기상이 좋지 않을 때 어떤 비행기는 착륙했는데, 다른 비행기는 회항하는 경우가 있어요. 이것은 항공기 기종과 기장의 자격증 여부에 따라 결정되는 거예요. 이때를 대비해 필요한 것이 저시정 운영 자격증이죠. 기상이 좋지 않을 때 이·착륙을 할 것인지 결정하는 중요한 자격증이에요. 항공기마다 이·착륙이 가능한 시정거리가 정해져 있어요. B787 같은 경우는 헤드업 디스플레이라는 장비가 있어서 시정거리 75m 이상이면 이·착륙이 가능해요. 그 다음으로 125m까지 보이면 가능한 기종이 있어요. 다른 항공사에는 시정거리가 350m 이하일 때 이·착륙을 할 수 없는 기종들도 있어요. 저희 회사가 보유한 항공기는 대부분 시정거리 75m나, 125m 이상이면 이·착륙할 수 있어요. 그런데 항공기만 가능하다고 되는 건 아니에요. 조종사도 그에 맞는 자격증을 가지고 있어야 해요. 가장 어려운 게 75m 저시정 운영 자격증인데요. 75m면 되게 짧은 거리예요. 비행기 바퀴를 내리고 1초면 지나가는 거리니까 사실상 보이지 않는 상태에서 착륙을 한다는 얘기예요. 이때는 항공기의 오토랜딩 시스템에 따라 착륙하는 거예요. 조종사는 시범비행 결과에 따른 활주로 유도장치의 신뢰성과 항공기의 오토랜딩 시스템을 믿고 철저히 모니터하며 이상 상황 발생 시 처치 방법에 대한 준비를 철저히 하고 비행에 임하죠. 이러한 저시정 상태에서의 이·착륙 훈련을 많이 하기 때문에 걱정을 하지는 않아요.

편 조종사는 운항할 때마다 이 모든 자격증을 가지고 다녀야 하는 건가요?

김 네. 비행기 탑승객이 여권을 반드시 소지하고 있어야 하듯이 조종사도 필요한 자격증을 반드시 소지하고 있어야 합니다.

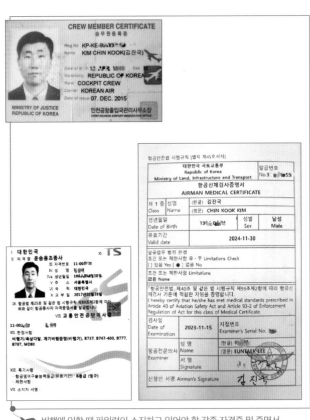

비행에 임할 때 파일럿이 소지하고 있어야 할 각종 자격증 및 증명서

C. 객실승무원과 합동브리핑

편 자격증을 점검하고 나면 이제 무엇을 하나요?

김 운항브리핑이 끝나면 기장이 몇 번 게이트에서 몇 시에 만난다고 정해줘요. 그러면 각자 비행 준비를 하거나 휴식을 잠시 취한 후 정해진 시간에 맞춰 항공기로 갑니다. 항공기에 도착하면 객실승무원들과 함께 합동브리핑을 해요.

편 운항승무원과 객실승무원이 모여 합동 브리핑을 할 때는 주로 어떤 것을 이야기하나요?

김 비행 전반에 관한 것, 안전에 관한 것, 그리고 오늘 비행 절차에 관한 것 등을 책임 기장이 브리핑을 합니다. 브리핑에서 특히 중요한 것은 조종실과 객실 사이의 의사소통 방법을 정하는 거예요. 예를 들어 기상에 따라 항공기가 요란하게 흔들리는 시간대에 조종실에서 객실승무원들에게 사인을 어떻게 주겠다는 약속을 해요. 사인하는 방법은 매뉴얼에 따라 여러 가지가 있는데, 특별한 상황에서는 사인을 어떻게 주겠다고 정하는 거죠.

객실 서비스 중 요란이 예상되거나 발생되면 음료 서비스가 가능한 경우와 불가한 경우를 구분하여 객실승무원에게 어떠

한 방법을 통해 알려주겠다는 내용 등도 포함돼요. 또 조종사 중 1명이 필요 업무, 생리현상 등의 이유로 조종실을 떠날 경우 또는 객실승무원의 조종실 출입이 필요할 경우에 대비하여 객실승무원의 조종실 출입 절차에 대해서도 약속해요. 9.11테러 이후 조종실 출입 절차는 매우 강화되었거든요.

✈ 운항승무원과 객실승무원이 함께 하는 합동브리핑.

편 객실승무원의 조종실 출입 절차는 매우 엄격하게 진행되는군요.

김 민간항공사에서 운항하는 대부분의 항공기는 조종실에서 CCTV로 객실 앞부분을 수시로 살펴볼 수 있어요. 그래도 만약을 대비해 보안을 철저하게 하려고 항공사마다 조종실 출입 절차에 대한 규정을 갖고 있어요. 브리핑이 끝나면 조종사들은 조종실로 이동합니다.

D. 항공기 탑승 및 조종실 점검

편 조종실에 들어가서 제일 먼저 하는 일은 무엇인가요?

김 보안 점검을 합니다. 조종실에 들어가면 눈으로 조종실의 구석구석을 살펴요. 서랍은 모두 열어보고 천장도 살펴보고 조종실 바닥도 확인해 봐요. 각각의 장비 및 서류들이 있어야 하는 자리가 있고, 뭔가 없어야 할 자리가 있는데 모두 정해진 대로 자리하는지 확인하는 거죠. 이게 끝나면 이제 항공기 이력부를 봐요. 항공기 이력부는 이 비행기가 운행을 시작했을 때부터 지금까지 어떤 결함이 있었고, 무엇을 어떻게 고쳤다는 이력이 전부 쓰여 있어요. 처음부터 보는 건 아니고 최근 기록을 보고 오늘의 상태가 어떤지 체크하죠. 특히 MEL^{Minimum Equipment List}에 제한을 받는 항목이 있는지를 잘 살피는데요. 거기에는 현재 운항하는 데는 문제가 없지만 어떤 부분에 이상이 있으니 주의하라는 내용이 써 있어요. 비행기에 어떤 부분은 이상이 생겨도 정상 운항할 수 있어요. 자동차를 운전하려는데 윈드쉴드 와이퍼가 없다고 운전이 불가능한 건 아니잖아요. 다만 창에 이물질이 생길 환경에서는 운전을 하지 말아야 한다는 제약이 따르죠. 항공기도 마찬가지입니다. 예를 들면 원래 부속품이 3개여야 하는데, 하나가 고장 나서 두 개만 정상적으로 작동한다면 완전할 때의 최대 성능에는 미치지 못하니까 제한사항이 따른다는 걸 알고 있어야 한다는 거죠.

편 이력부를 보면서 현재 비행기의 상태를 점검하고 조심해야 할 것들을 살피는 거네요.

김 맞아요. 사람으로 치면 다리에 깁스 캐스트를 했으니 다친 다리에 무리가 가지 않도록 보행 시에 조심하는 것과 마찬가지죠. 이렇게 조종실 내부를 살피면서 자연스럽게 보안점검도 해요. 점검할 때는 기장과 부기장이 함께 하는데요. 한 사람이 "1번 항목 첵!" 하면 다른 사람이 그 말을 따라서 "1번 항목 첵!" 하고 받아요. 때로는 점검할 부분을 나눠서 하고 각자 점검한 후에 "이상 없습니다"하고 알립니다.

편 한 사람이 말하면 다른 사람이 똑같이 따라하는데, 조종사들이 점검할 때 대화하는 방법이 따로 있는 건가요?

김 네, 맞아요. 조종사들의 대화가 좀 낯설게 느껴지죠? 비행업무를 할 때 조종사들은 '리드백read back'을 해요. 복창하다는 뜻인데요, 점검한 것을 정확하게 전달받았다는 의미에서 똑같이 따라 말하는 거죠. 개인적인 이야기를 할 때는 그렇지만 비행 업무를 할 때 리드백을 하는 게 원칙이에요.

편 그렇게 하나하나 확인하는 과정에서 교차점검을 하는 거네요.

김 네, 이렇게 기내 점검이 끝나면 기장은 항공기 외부 점검을 하러 나가요. 바깥에서 항공기를 중심으로 한 바퀴 돌면서 외부에 이상이 없는지 살피죠. 이때는 체크 리스트를 가지고 다니면서 하나하나 살펴봅니다. 외부 등이 제대로 달려 있는지, 타이어 압력은 맞춰져 있는지, 브레이크 디스크는 갈리지 않았는지도 확인해요. 그리고 항공기는 속도를 체크하는 동정압 계통이라는 게 있어요. 가장 중요한 것은 피토튜브와 스테이틱튜브로 이 장치들이 부러지거나 구멍에 날파리라도 들어가 있으면 압력 공급이 원활히 되지 않아 속도계, 고도계, 승강계 모두 정상적인 작동이 불가능해요. 이렇게 외부에 손상된 장치는 없는지 살펴보고 이상이 없으면 조종실로 들어와요. 만약 손상된 부분이나 이상이 발견되면 대기하고 있는 탑재 정비사에게 말해요. 정비사는 기장의 말을 듣고 살펴본 후에 매뉴얼을 확인하고 이 정도 손상은 운항에 지장이 없다고 할 때가 있어요. 그러면 기장은 들은 내용을 기록에 남기죠. 만약에 손상이 심해서 운항할 수 없다는 판단이 나올 수도 있어요. 그러면 회사에 즉시 알리고 대책을 마련해야 해요.

그 사이 부기장은 조종실에서 하는 일이 있어요. 비행기는

✈ 항공기 외부에 이상이 없는지 점검하는 것도 기장의 할 일.

하늘을 나는 지구 여행자
파일럿

자동차와 달리 대부분의 스위치와 조작 장치가 천장에 달려 있어서 시동 걸기 전에 모든 스위치가 제 위치에 있는지 먼저 확인해요. 점검이 끝나면 기상정보를 받아서 오늘은 몇 번 활주로로 이륙해야겠다고 계획을 세워요. 그리고 항공기 셋업을 하죠. 기상 정보 및 비행계획서에 따라 오늘 이륙이 예상되는

활주로와 가야 하는 항로를 컴퓨터에 입력합니다. 항로 입력 방법은 회사마다 다른 것 같아요. 저희 회사는 조종실에서 항로를 받겠다는 신호를 보내면 종합통제실에서 데이터 링크로 입력해 주죠. 그러면 조종사는 비행계획서를 보고 정확하게 입력되었는지 확인해요. 오류가 거의 없지만 정확하게 정보가 입력되었는지 사람이 한 번 더 확인하는 거예요.

편 기장과 부기장이 이렇게 나눠서 운항 준비를 하시는군요.

김 외부 점검을 마친 기장은 기내로 들어와서 '외부점검 이상 없습니다' 하고 알리면 부기장도 그동안 기상 정보 받고 항로 입력하고 각종 스위치를 운항을 위한 정상 위치에 맞춘 후 '기장님, 내부 점검 이상 없습니다'라고 말합니다. 그리고 기장은 비행기 이력부에 항공기 인수 사인을 해요. 그건 항공기 상태가 오늘 운항을 위한 조건을 충족하니 이 비행기를 가지고 비행을 하겠다는 의미예요.

편 여기까지의 절차가 모두 그날 비행을 할지 말지를 결정하는 과정인 거군요.

김 그렇죠. 비행기에 손상된 부분이 발견되고, 그게 운항을 할 수 있는 기준을 넘어서면 그 항공기는 운항할 수 없어요.

조종사들이 꼼꼼히 보안 점검을 하고, 장비 점검을 한 후 오늘
비행할 수 있겠다는 판단을 하고 마지막에 이력부에 사인하면
최종 결정이 이루어진 거예요.

편 그럼 이제부터 승객을 맞을 준비를 하는 건가요?

김 그 전에 한 가지 더 확인할 게 있어요. 기장은 조종실만 책임지는 게 아니라 객실을 포함한 책임자니까 객실 점검이 이루어졌는지도 확인해야죠. 객실에는 캐빈로그라고 객실과 관련한 내용이 적힌 일지가 있어요. 기장은 캐빈로그를 보고 객실도 안전한지 확인할 의무가 있어요. 조종사들이 조종실과 비행기 외부를 점검할 때 객실승무원들은 객실의 보안점검을 해요. 점검을 마치고 사무장이나 부사무장이 와서 객실 보딩 준비가 완료되었다고 말하면 기장도 "저도 보딩 준비 완료됐습니다"고 말하고 승객들의 탑승을 시작하죠. 보딩 시간은 확정된 것이 아니고 기장과 사무장이 합의하는 사항이에요. 조종사들과 승무원들이 각각 점검할 사항이 따로 있고, 때로는 어느 한쪽에서 문제가 생겨 시간이 더 필요할 수 있기 때문이죠. 양쪽 모두 점검이 끝나고 이상이 없다는 게 확인되어야 비로소 승객을 비행기에 탑승시킬 수 있습니다.

편 승객이 탑승할 동안 조종사들은 무엇을 하나요?
김 항공기에 탑승할 승객과 오늘 실어야 할 화물의 무게가 얼마인지 계산하고 적절한 위치에 배치되었는지 확인하는 일을 해요. 이것을 중량배분, 즉 W&B^Weight & Balance라고 하는데, 승객과 화물의 무게에 따라 적절한 위치에 배분해서 무게중심을 알맞게 위치시키는 거예요. 기종에 따라 성능의 차이가 있기 때문에 최대 무게 한계치가 있어요. 또 바람의 속도와 방향, 온도, 고도, 활주로의 상황, 공항 주변의 지형·지물 등 다양한 요소를 살펴서 중량배분을 해야 안전하게 이·착륙할 수 있죠. 최근에 승객들의 표준 중량을 측정한다는 기사가 나서 왜 승객들의 몸무게를 재느냐는 질문을 받았어요. 국토교통부의 '항공기 중량 및 평형 관리 기준'에 따라 항공사는 최소 5년 주기 또는 필요 시에 승객 표준체중을 측정해 평균값을 내야 합니다. 다른 목적은 없어요. 정확한 운항 중량을 예측해서 항공기의 무게중심을 위한 기본 자료로 활용하기 위해서 하는 거니까 너무 부담 갖지 않으셔도 돼요. 현재는 승객 한 사람의 무게를 약 90kg으로 추산하고 있죠.

W&B를 조종사가 하는 건 아니에요. 전문 자격증이 있는 탑재관리사가 계산한 것을 종합통제실에서 조종사에게 보내죠. 조종사는 보내온 자료를 보고 오늘 이륙 가능한 무게가 얼마인데 연료와 화물이 얼마나 실렸고 승객은 몇 명인지 확인해서 이륙 가능한지 판단하는 거예요. 항공기마다 허용하는 한계 무게와 배분 방법이 있는데 그게 가능한지 성능 검토를 하는 거죠. 이때 예정된 승객 수와 화물 양의 변화가 거의 없다면 바로 이륙 준비를 하지만 변동이 크다면 조종사는 W&B 계

✈ 화물을 탑재하는 항공기

산을 다시 요청할 수 있어요. 만약 화물의 무게가 한계치를 넘는다면 운항관리사와 협의해 화물을 내리든지 아니면 다른 방법을 찾아야 해요. 중량의 무게중심을 맞추는 일은 항공기의 안전과 관련이 깊기 때문에 소홀히 해서는 안 되는 일이에요.

편 항공기에 탑승한 승객과 화물의 중량을 계산해서 무게중심을 맞춰야 안정적인 비행이 된다는 말씀이군요. 그럼 이제 이륙 준비가 끝난 건가요?

김 아직 한 가지 더 남았어요. 조종사들의 역할을 명확히 하는 건데요. 이미 조종사들은 운항승무원 브리핑에서 비행 업무를 수행할 조종사와 모니터링을 할 조종사로 역할을 나누었어요. 그에 따라 조종사들의 임무가 정해지죠. 비행 업무를 맡은 조종사는 모니터링을 맡은 조종사에게 이륙 브리핑을 해요. 현재 항공기 상태는 어떻고, 기상은 어떻고, 활주로까지의 이동은 어떤 경로로 할 것이고, 이륙 시 동력은 어느 정도를 사용하여 어떠한 방법으로 이륙할 것이며, 공항 주위의 소음 제한지역 상공은 어떻게 통과할 것이며, 만약에 이륙하다 엔진이 하나 고장 나면 어떻게 할 것이라는 등 비행 계획을 말해요. 예측 가능한 상황들에 대한 대책을 미리 밝히는 거죠. 조종을 맡은 사람이 미리 계획을 세우는 거예요. 만약 실제로 그런 상황이 발생했을 때 당황하지 않고 신속하게 대처하기 위해서 계획을 알려주는 거죠.

편 혹시 일어날지도 모르는 상황을 대비하는 거군요. 그런데 보통 기장이 비행 업무를 하고 부기장이 모니터링을 하는 게 아닌가요?

김 꼭 그렇지는 않아요. 기장이 비행 업무를 하는 경우가 더 많겠지만 부기장에게 조종을 위임하는 경우도 있습니다. 조종사는 90일에 세 번의 이·착륙을 해야 자격을 유지할 수 있다는 규정이 있어요. 그 자격 조건을 유지하기 위해서 기장과 부기장이 협력하는 거죠. 두 명의 기장이 함께 비행할 때도 마찬가지로 서로 업무를 나눠서 해요. 다만, 부기장에게 조종을 위임하기 위해서는 기장으로서의 경력이 일정 시간 이상이 되어야 하는 조건이 있죠.

E. 출발 허가 및 이륙

편 이륙 준비가 거의 끝나가는 것 같아요. 비행 업무를 맡은 조종사의 브리핑이 끝나면 또 무엇을 하나요?

김 모든 준비가 끝나면 보통 항공기 출발 10분 전쯤이에요. 이때 조종사는 관제사와 무선통신을 해서 비행 경로에 대한 허가를 득한 후 출발 허가를 받아야 해요. 조종사가 비행기 편명을 말하면 관제사가 그 비행기는 어디 가는 비행기다 이렇게 답을 하면서 시작하는데요. 예를 들어 조종사가 "OOO Air 123 Request ATC Clerarance For 제주" 이렇게 말하면 관제사는 "OOO Air 123 Clear to 제주"라고 대답하는 식이죠. 무슨 내용이냐면요, 조종사가 'OOO항공 123편 제주까지 비행 허가 발부해 주세요'라고 말했고, 그 말을 받아 관제사가 '제주 공항까지 비행 허가를 발부합니다'고 허가를 한 거죠. 관제사도 비행계획서를 가지고 있어서 편명과 목적지를 확인한 거예요. 여러 가지를 확인한 다음에 관제사가 스퀵코드^{Squawk Code}를 주면 항공기 트랜스폰더^{transponder}에 입력해요. 트랜스폰더는 비행기에 탑재하는 기기로 비행 중에 항공기를 식별할 수 있는 장치를 말해요. 이 기기에 네 자리 수 스퀵 코드를 입력하면 이제 레이더에 항공기의 위치가 시현됩니다.

✈ 조종실에 탑승해 이륙을 준비하는 조종사들

　그다음엔 시동을 걸기 위한 지역으로 이동을 위해 항공기를 후진시켜야 해요. 이때는 항공기에 동력이 없어 스스로 움직이지 못하기 때문에 관제사의 허가를 받은 후 토잉카^{Towing Car}의 도움을 받아 후진하여 시동 위치로 항공기를 옮겨요. 항

✈ 주기장과 유도로

공기가 시동을 걸기에 안전한 위치에 도달해 지상요원이 시동을 걸어도 된다는 연락을 해주면 시동 절차가 시작돼요. 시동 완료 후에는 시동 후 절차를 수행하고, 관제사에게 활주로까지 갈 유도로 안내를 해달라고 연락을 하면, 관제사는 어느 유도로Taxiway를 거쳐 어디 활주로Runway로 가라고 지시해요. 유도로는 비행기가 주기해 있는 주기장에서 활주로까지 가는 길을 말하는데요. 공항이 크고 활주로가 많은 곳은 주기장에서 활주로까지 굉장히 멀어요. 그래서 구간을 나눠 알파벳과 숫자를 섞어 구역마다 이름을 붙여놓았어요. 그걸 'Taxiway Marking'이라고 하는데, 앞에서 노탐을 살펴볼 때 공항마다 진입할 수 없는 곳이 공시된다고 했잖아요. 공사하는 구간도 있고 여러 이유로 닫혀있는 구간도 있어요. 그런 구간에 들어가지 않도록 조종사는 관제사가 지시한 대로 비행기를 움직여 활주로까지 가야 해요.

활주로까지 가는 허가를 받으면 라이트를 켜서 지상요원들에게 비행기가 움직인다고 신호를 줘요. 지상요원들은 그 신호를 보고 항공기 이동 경로의 안전이 확보되었다는 의미로 손을 흔들어 줍니다. 시동을 걸었다고 비행기가 바로 움직이지는 않아요. 워낙 무게가 있으니까요. 항공기 동력을 서서히 높여 바퀴가 움직이기 시작하면 최소 동력으로 줄인 후 활주로까지의 이동을 시작해요.

편 영화에서 보면 조종사가 시동을 걸고 스위치를 하나씩 올리는 장면이 있어요. 실제로도 그런가요?

김 그건 예전 방식이에요. 예전에는 시동을 걸고 엔진이 돌아가는 것을 확인한 다음에 스위치 하나 올리고, 온도가 몇 도 정도 되는지 확인한 후 다른 스위치 올리고, 이런 식으로 하나하나 조종사가 체크하면서 매뉴얼에 따라 스위치를 조작했어요. 그런데 요즘 나온 보잉사와 에어버스사의 비행기는 스스로 알아서 해요. 자가점검 시스템도 있어서 어느 장치가 한계를 넘어서면 그것도 스스로 알아서 시동을 중지하죠. 현재 운행되고 있는 모든 비행기가 그렇다는 건 아닙니다. 아마도 보잉 737 같은 경우는 예전 방식으로 스위치를 조작해서 시동을 켤 거예요.

✈ B787 항공기의 조종실 내부 모습

편 비행기가 주기한 곳에서 유도로까지 나와 시동을 켜고 활주로로 이동하는 거네요?

김 시동을 걸면 관제사로부터 지상 이동에 대한 허가를 받아요. 관제사는 활주로까지 가는 길을 다시 허가해요. 활주로까지 안전하게 갈 수 있는 방법을 안내하는 거죠. 안내가 끝나면 관제사는 레이더에 표시된 비행기의 위치를 보고 비행기의 방향과 거리를 유도해요. 오른쪽으로 돌아서 어디까지 가고, 다시 왼쪽으로 돌아서 어디까지 가라고 지시하면서 활주로까지 이끌죠. 만약 조종사의 실수로 길을 잘못 들었다면 관제사는 다시 다른 길을 찾아서 안내해요. 규모가 크고 복잡한 공항에서는 길을 잘못 드는 비행기가 종종 있어요. 그래서 기장과 부기장이 협력해서 길을 잘 찾아가는 것도 중요하죠. 활주로에 다가가면 관제사는 이륙을 위한 주파수로 넘어가라고 안내합니다. 이륙 허가를 받기 전에 조종사는 객실에 이제 곧 이륙할거라는 신호를 줘요. 그러면 객실승무원이 "손님 여러분, 우리 비행기는 이제 곧 이륙하겠습니다" 하고 안내방송을 해요. 이때 객실승무원은 이륙할 수 있는 준비를 하죠.

편 이륙 허가가 나오면 조종사들은 어떤 일을 하나요?

김 이륙하기 전에 조종사들은 이 활주로가 맞는지, 비행기의 방향이 정확하게 세팅되었는지, 이륙을 위한 고양력장치의 위치는 맞는지, 라이트는 다 켰는지 등을 확인합니다. 그리고 이륙해서 첫 번째 수평을 잡아야 할 고도는 얼마인지 등, 비행 업무를 수행할 조종사가 세운 계획을 다시 얘기하고 확인해요. 또 이륙 전에 해야 하는 체크리스트가 따로 있어요. 그걸 모니터링을 맡은 조종사가 말하면 비행 업무를 맡은 조종사가 복창하는 식으로 점검해야 할 사항을 하나하나 확인하고 이륙 준비를 마치죠. 이 과정이 조종사들에게는 아주 중요한 업무라서 빠뜨리면 안 되는 필수 사항이에요.

편 비행기가 이륙할 때 사고 위험이 높다는 이야기를 들었어요. 이륙할 때 어떤 점을 주의해야 하나요?

김 비행기가 이륙하는 순간은 조종사들이 가장 긴장하는 시간이에요. 항공기 사고의 80퍼센트는 이륙 후 3분, 착륙 전 8분에 일어나요. 그만큼 이·착륙은 어렵고 까다로운 일인데요. 이륙이 시작되면 조종사는 서로 협력하여 조종장치를 조종하고 여러 계기들을 재확인하며 이륙이 순조롭게 되도록 집중하죠. 이때 항공기의 결함을 발견하면 조종사는 이륙을 포기하고 비행기를 활주로에 세울 수 있어요. 단, 조건이 있죠. 비행기의 속도가 높지 않아야 해요. 이걸 이륙단념속도 즉, V1

Speed라고 합니다. 결함을 발견했는데 속도가 이륙단념속도 이하라면 엔진출력을 조절하는 Throttle로 동력을 줄이고 브레이크와 역추진 장치를 사용하여 활주로에 비행기를 세울 수 있어요. 그런데 결함을 발견했지만 이미 이륙단념속도를 넘었다면 일단 이륙을 시도합니다. 남은 활주로에 비행기가 멈추기에는 속도가 너무 높기 때문이죠. 이륙단념속도에서 모니터링을 맡은 조종사 또는 항공기 자체 Call로 'V1' 음성이 나오면 비행 업무를 맡은 조종사가 Throttle에서 즉시 손을 떼고 그대로 가속도가 붙어서 이륙하게 돼요. 일단 이륙을 했다가 다시

공항으로 돌아와야 하죠. 가끔 뉴스에 이륙했던 비행기가 돌아와 공항에 착륙했다는 기사가 나오는데, 대부분 이런 경우죠. 그러면 연쇄적으로 해결할 일이 많아져요. 승객들도 비행의 지연으로 어려움에 처하고요.

편 이륙하는 짧은 순간에도 조종사들은 이륙할지 말지 결정해야 하는군요.

김 맞아요. 비행 중에는 선택해야 하는 순간이 꽤 있는데 이·착륙할 때가 제일 긴장되는 순간이에요. 비행기를 멈추면 앞으로 일어날 상황이 아주 끔찍하다는 걸 아니까 긴장할 수밖에 없죠. 그래서 조종사들은 이런 상황에 대비한 훈련을 많이 해요.

F. 비행

편 이륙을 했어요. 이제부터 조종사들은 무엇을 하게 되나요?

김 비행기가 이륙하고 순항할 때 조종사들이 하는 일을 먼저 요약해서 알려드릴게요. 조종사는 비행기가 이륙하면 양력을 더 받기 위해 변형시켜 놓았던 고양력장치를 올리고 관제사가 지시한 고도까지 상승해요. 조종사들은 각종 계기의 수치는 어떤지, 계획된 시간에 맞춰 운항하는지, 계획된 연료로 운항하고 있는지를 확인하고 기록해요. 또 관제구역이 시작되는 지점에서 관제기관과 라디오 송수신을 필수적으로 해야 해요. 관제기관은 각종 비행 정보도 제공하니까 주의해서 듣습니다. 조종사의 조작은 항상 기장과 부기장이 서로 확인하게 되어 있어요. 만약 기장의 조작 상황이 항공기의 안전 운항에 영향을 줄 정도로 판단될 경우에 부기장은 시정을 건의하며 올바른 조작이 되도록 해야 해요. 이외에도 조종사는 긴급사태나 예기치 못한 기상 변화에 대해서도 항상 준비되어 있어야 하죠.

편 비행기가 예정된 고도에 올라가면 조종사는 무엇을 먼저 살피나요?

김 기상 상황을 살핍니다. 이륙한 비행기는 짧은 시간에 순항 고도에 도착하는데, 상승하는 짧은 시간 동안에도 변화가 있어요. 지상에서는 집중호우 상황이었는데 5천 피트 상공에는 햇빛이 작렬할 수도 있죠. 이때는 구름이 어디에 위치해 있는지 계속 주시하면서 그 지역을 피해 상승해요. 그리고 고도에 안착하면 현재 위치해있는 지역에서 요구하는 항공기 성능이 적합하게 작동하고 있는지 등의 순항 점검을 해요. 또 내가 가야 할 항로 상에 예비기지가 될 공항을 찾는 일도 해요. 만약 어디쯤에서 고장이 난다면 비상착륙할 수 있는 공항을 정하는 거예요. 어디서부터 어디까지는 어느 공항, 다음 공역에서는 어느 공항, 이런 식으로 항로에 따라 비상착륙할 수 있는 예비공항을 결정해 놓습니다. 흔히 일어나는 일은 아닌데 가끔 이퀄 타임 포인트equal time point에 위치할 때가 있어요. 이퀄 타임 포인트는 비상착륙할 수 있는 공항이 앞, 뒤로 두 곳이 있는데 두 공항에 도착할 수 있는 시간이 같은 경우에요. 이럴 경우에는 공항상황, 지원체계, 기상 등을 고려하여 운항관제사와 통신을 통해 협의하여 예비공항을 선정해요. 예비공항에 대한 대비는 정말 중요해요. 그래서 조종사는 만약 무슨 일이 발생하면 어떻게 해야겠다는 대비를 비행하는 내내 생각

✈ 조종석에서 보는 바깥

하고 있어야 합니다.

편 비행 중에는 연료의 소모도 신경 써야 할 것 같아요.

김 조종사는 연료 효율에 대한 생각도 멈출 수가 없어요. 바람의 상태나 기온에 따라 연료 소모가 적은 고도가 있어요. 때에 따라서는 예정된 고도를 벗어나 더 높은 고도로 올라가기도 하는데, 이때는 관제사와의 협의가 필수예요. 내가 언제 어느 고도로 올라가겠다고 관제사와 통신하면 관제사가 그 고도의 상황을 보고 허가를 하죠.

편 기상 상황에 따른 대비는 어떤가요?

김 요즘엔 기상 예보가 워낙 정확해요. 비행 전에 확인한 대

로 어느 지점에 대기의 요란 현상이 있고, 어떤 구름이 있다는 예보인데요. 그 정보를 바탕으로 그 구간을 피해 옆으로 우회한다든지 고도를 높여서 운항하죠. 하지만 다 피할 수는 없으니까 요란 현상이 예상될 때는 객실승무원에게 알려줍니다. 앞으로 얼마 후 요란 현상을 만날 거니 객실도 대비하라는 거죠. 그리고 착륙할 공항에서 30분에서 1시간마다 현지 기상을 계속 업데이트해줘요. 그 정보를 보고 조종사들은 착륙에 대한 브리핑을 계속해요.

편 착륙할 공항에 기상 상황이 좋지 않다면 어떤 대책을 세우나요?

김 목적지 공항의 조건에 따라 다릅니다. 예를 들어 인천공항의 경우 4개의 활주로가 있고 착륙할 시간을 기준으로 전에 두 시간, 후에 두 시간 내에 기상의 변화가 없다면 별다른 대책을 세우지 않아도 돼요. 그런데 이런 조건이 충족되지 않는 공항이라면 반드시 예비기지를 정해놓아야 해요. 목적지 공항에 갔는데 접근하지 못했다면 인근의 공항으로 가야 하니까요. 이때는 예비기지로 갈 수 있는 연료까지 계산해 남겨야 하죠. 비행기는 이런 때를 대비해서 여분의 연료를 실어요. 목적지 공항 상공에서 공항의 기상이 착륙에 적합하지 않은데 연료가 예비공항까지 운항에 필요한 연료 이상으로 남아 있는 경우에는 목적지 상공에서 기상이 호전될 때까지 공중 대기를 하는 경우도 있어요. 조종사는 목적지 공항의 기상이 착륙에 적합하지 못할 경우 예비공항으로 회항을 위한 연료 상황을 항상 계산하고 있어야 한답니다.

G. 착륙 및 퇴근

편 목적지 공항에 도착하고 있어요. 착륙 준비는 어떻게 하나요?

김 이륙할 때와 마찬가지로 각종 계기의 수치를 확인하고 연료도 체크하는 등 랜딩 체크리스트에 따라 착륙 준비를 합니다. 착륙하는 절차도 있는데, 관제사의 지시에 따라서 고도와 방향 등을 맞춰야 해요. 앞의 비행기와의 거리가 항공기 무게별로 일정 거리를 두어야 한다는 규정이 있어요. 그 이상의 거리가 확보되면 관제사가 바로 공항에 접근할 수 있도록 허가해요. 그러면 예정된 착륙 시간보다 최대 15분 정도 줄어요. 그런데 앞 비행기가 밀려있으면 순서를 기다리면서 공항 근처를 선회하죠. 또 공항의 기상이 좋지 않아서 시정거리가 짧으면 관제사는 착륙 간격을 더 벌려요. 이런 날씨에는 이륙하는 비행기도 대기하고 있어서 착륙 시간은 더 뒤로 밀려날 수 있어요. 기상악화로 비행기가 이륙하지는 못해도 착륙할 수는 있어요. 그런데 이륙하지 못한 비행기가 많으면 착륙할 비행기가 주기할 공간이 나오지 않아요. 그래서 순서대로 이륙하고 착륙해야 하죠. 제가 기억하기로 2017년 12월 24일에 인천공항에 짙은 안개가 껴서 항공기들이 이륙하지 못해서 24시간

연기된 적도 있어요. 아무튼 착륙 준비가 되면 조종사는 관제사와 통신하면서 착륙 시간을 계산해요. 언제쯤 착륙할 것 같다고 판단하면 착륙 몇 분 전에 객실승무원에게 알려서 객실도 착륙준비를 할 수 있도록 합니다.

비행기가 활주로에 착륙하고 난 다음에는 관제사가 제시한 방법으로 유도로를 따라 주기할 곳으로 향해요. 이륙할 때와 마찬가지로 길을 잘못 들지 않도록 주의해서 지정된 주기 공간에 가서 비행기를 멈춰야 합니다. 비행기가 지상에서 자력으로 이동하는 걸 택싱Taxiing이라고 하는데요. 기장과 부기장이 협력해서 속도를 줄이고 천천히 비행기를 정지시켜요. 그런데 공항에 따라서 거리 단위가 다를 때 조종사들이 협력을 잘 해야 해요. 보통은 미터 단위를 사용하는데 미국 공항은 피트를 사용해요. 만약 조종사가 미터를 피트로 착각하면 큰일이 나죠. 그래서 기장이 정지할 곳으로 가는 동안 부기장이 남은 거리, 현재 속도, 좌우로의 이탈 정도를 알려줘요. 비행기가 움직임을 멈추고 엔진 시동을 끄면 승객이 내릴 준비를 합니다. 승객이 하기할 동안 조종사는 비행기 이력부에 운항일지를 기록해요. 오늘 비행 중에 발생한 각종 장비의 문제나 이상 현상, 비행시간 등을 탑재용 항공일지에 기록하고 승객이 모두 하기한 것을 확인하면 비행이 종료됩니다.

✈ 비행을 마치고 퇴근하는 조종사들

편 조종사의 비행 업무에 대해 알아보았어요. 비행기가 오랜
시간 공중에 떠서 순항할 때보다 이·착륙하는 짧은 시간에 고
도의 집중을 요하는 일이라는 생각이 드네요.

파일럿이
되려면

조종사가 되기 위해 취득해야 하는
자격증은 무엇인가요

편 조종사가 되기 위해 취득해야 하는 자격증은 무엇이 있나요?

김 조종사가 취득하는 자격증을 면장이라고 부릅니다. 면허를 증명하는 문서라는 뜻이죠. 면장의 종류는 여러 가지가 있어요. 그런데 그중 하나를 취득하는 것이 아니라 단계마다 하나씩 축적해 나가는 특징이 있어요. 조종사가 되기 위해 가장 먼저 취득하는 면장은 자가용 면장PPL: Private Pilot License으로 개인이 비사업 목적으로 조종을 할 수 있다는 면허입니다. 이 면장이 있어야 다음 교육단계 자격이 생겨요. 다음에 취득하는 것이 계기비행IR: Instrument Rating으로 관제사의 지시에 따라 고도, 속도, 비행 방법들의 결정을 허가받아 조종석의 계기판만 보며 운항할 수 있는 자격을 말해요. 계기비행은 면장이 아니라 부가 요건이지만 꼭 취득해야 하죠.

항공사에 들어가기 위해서는 사업용 면장CPL: Commercial Pilot License이 필요해요. 이 면장은 엔진이 1개인 단발엔진만 조종할 수 있는 것과 엔진이 2개 이상인 다발엔진을 조종할 수 있는 것으로 나뉘어 있어요. 항공사는 다발엔진 자격을 요구합니다. 이 면장이 있으면 항공사에 부기장으로 취업할 수 있어요. 그리고 항공사 기장이 되기 위한 운송용 면장ATP: Airline Transport Pilot은 따로 있습니다. 보통 비행시간이 1,500시간 이상

✈ B787 항공기 앞에서

이고 국제 비행 경험이 있어야 시험 볼 자격이 주어집니다. 부기장으로 취업 후 소속 항공사에서 경험을 쌓고 취득하는 게 일반적이에요.

그리고 교관 면장CFI: Certificated Flight Instructot이라는 게 있어요. 이 면장은 조종훈련생을 가르칠 수 있는 권한이 부여되는 것으로 대형 항공사에 취업하고 싶은 조종사들이 조종훈련생들을 가르치며 비행시간을 쌓기 위해 많이 취득하고 있어요. 이 밖에도 조종사 면장의 특이점이 있습니다. 조종사는 조종하는 항공기마다 면장을 취득해야 해요. B777 항공기를 조종하려면 B777 면장, A380 항공기를 조종하려면 A380 면장을 취득해야 하죠.

어떤 자질을 갖추면 좋을까요

편 파일럿이 되고 싶은 청소년이 어떤 자질을 갖추면 좋을까요?

김 책임감이 가장 중요한 덕목인 것 같아요. 한 비행기에 승무원과 승객을 합쳐 적게는 150여 명, 많게는 500여 명이 탑승해요. 한 분 한 분의 소중한 생명을 책임져야 하죠. 그리고 항공기 한 대는 보통 몇 천억 원으로 엄청나게 큰 자산이에요. 이렇게 수백 명의 승객과 값비싼 항공기를 안전하게 책임져야 하니까 책임감이 무엇보다 중요하죠. 책임감은 또 사명감이기도 해요. 내 직업에 대한 자부심도 있어야 하고요.

판단력도 중요해요. 저는 이걸 눈치가 있어야 한다고 표현합니다. 주변의 상황을 빨리 알아채고 대처할 수 있는 능력과 연관된 것 같아요. 조종사가 조종석에 앉은 순간부터 선택하고 판단할 일이 많아요. 갑작스러운 기상 변화와 여러 가지 상황 변화에 따라 정확하고 빠르게 판단하고 대처해야 해요. 그런데 혼자만의 생각에 빠져서 주변의 상황을 눈치채지 못한다면 판단을 잘 못 하게 되겠죠. 판단력을 잃게 되면 침착함도 사라져요. 아무리 매뉴얼을 달달 외우고 훈련을 많이 했어도 침착함을 잃어버리면 판단력이 흐려지면서 비정상 상황에 대

처하는 능력을 상실하게 마련이에요.

편 승객들의 생명과 값비싼 항공기를 책임지는 자리에 있다
는 건 좀 부담스러울 것 같아요.

김 그렇죠. 조종사는 사실 외로워요. 기장이 되면 더 외롭죠.
어떤 결정을 할 때 부기장과 협조를 하지만 최종적인 판단과
결정은 기장이 해요. 모두 기장이 결정하고 책임지는 거죠. 그
래서 리더십도 필요해요. 기장으로서 승무원과 승객을 지휘할
수 있어야 하고, 협동도 해야 합니다. 각종 비행 절차를 오차
없이 수행할 수 있는 세심함도 필요하고요.

편　장시간 비행하기 위해 체력도 필요하겠어요.

김　건강한 체력은 필수입니다. 조종사가 되려면 엄격한 신체 검사 기준을 통과해야 해요. 장시간 비행하는 일도 많고, 근무 시간이 불규칙하기 때문에 건강한 신체가 무엇보다 중요해요. 운동 열심히 하고 관리를 잘하면 되겠죠. 그런데 한 가지, 청소년들이 꼭 알아야 하는 게 있어요. 조종사가 되기 위해서는 시력 관리를 잘 해야 해요. 우리나라는 외국에 비해 조종사의 시력 조건이 엄격한 편으로 시력뿐 아니라 주변시, 안압 등 여러 검사를 합니다. 항공법에서 제시하는 시력기준은 원거리 시력은 각 안의 나안시력이 1.0 이상 또는 교정 시력이 1.0 이상이어야 하고, 중거리와 근거리 시력은 각 안의 나안시력이 0.5 이상 또는 교정 시력이 0.5 이상이어야 하죠. 요즘엔 휴대폰 사용의 증가로 시력이 좋지 않은 청소년들이 많더군요. 체력이야 성인이 된 후에도 얼마든지 노력해서 목표에 도달할 수 있지만 시력은 한 번 나빠지면 회복이 거의 불가능해요. 그러니 조종사가 되고 싶다면 먼저 시력 관리를 잘해야 할 것 같아요. 이 책을 읽는 청소년 중에 내가 조종사에 적합한 신체인지 알아보고 싶다면 항공 조종사 신체검사를 시행하는 병원에 가서 받아보는 것도 좋을 것 같아요.

영어 실력은 어느 정도여야 하나요

편 영어 실력은 어느 정도여야 하나요?

김 조종사가 되기 위해서는 항공영어구술능력시험EPTA: English Proficiency Test for Aviation을 봐야 해요. ICAO(국제민간항공기구)가 2003년 도입한 이 시험은 점수에 따라 6등급으로 나뉘어요. 국제항공업무에 종사하는 비행기조종사, 항공관제사, 무선통신사는 4급 이상을 받아야만 업무에 종사할 수 있어요. EPTA 등급에 따라 성적을 인정하는 기간이 다른데요. 6등급은 5등급을 보유한 경우에 치를 수 있고 면접식 구술시험이에요. 6등급에 통과하면 성적이 영구 인정되어 재평가를 받지 않아요. 5등급 이하는 컴퓨터에서 듣기 말하기 시험을 보죠. 그리고 5등급은 매 6년마다 재평가, 4등급은 매 3년마다 재평가를 받아야 합니다.

이렇게 말하니까 시험이 매우 어렵게 느껴질 수도 있겠어요. 그런데 걱정하지 말아요. EPTA가 고도의 영어 구술 능력을 요구하는 시험은 아니에요. 일상 회화를 잘한다고 높은 점수가 나오는 시험도 아니고요. 국제선 운항을 하기 위한 것이라 항공 용어를 잘 익히고 관제사와 통신을 할 수 있는 능력이면 돼요. 노력하면 누구나 도달할 수 있는 수준이에요.

직업 체험은 어디에서 할 수 있나요

편 파일럿이 되고 싶은 청소년이 이 직업을 탐구하고 체험할 수 있는 곳이 있다면 추천해주세요.

김 파일럿을 비롯해 항공분야의 직업을 직접 체험할 수 있는 곳이 여러 곳 있어요. 우선 김포국제공항 앞에 있는 국립항공박물관에서는 모의비행장치 조종사 체험, 관제사 체험, 블랙이글스 체험 등 각종 체험을 할 수 있으며, 실제 항공기가 전시되어 있어서 내부를 둘러볼 수도 있어요. 또 한국항공대학교 항공우주박물관에는 모의비행장치 조종사 체험을 할 수 있으며, 항공의 역사를 알아볼 수 있는 전시관을 이용할 수 있고, 이 곳 역시 야외에 항공기가 전시되어 있어요. 항공역사관과 천문우주관이 있는 제주 항공우주박물관도 있고, 사천에도 항공우주박물관이 있어 항공기 역사와 각종 비행의 역사를 알아볼 수 있어요.

실제 항공기와 똑같은 조종실에서 비행을 해 볼 수 있는 사설 시설도 있습니다. 로테이트(www.rotate.co.kr), FSC korea(www.fsckorea.co.kr) 등의 사설기관에서는 시뮬레이터를 통해 실제 비행하는 것과 같은 경험을 할 수 있어요. 그리고 매 해 공군에서는 공군참모총장배 스페이스 챌린지 대회 SPACE CHALLENGE 를 전국 공군부대에서 개최해요. 이 대회에 참가하면 본인이 직접 제작한 글라이더로 시합을 할 수도 있고, 그 부대에서 운용하는 공군 항공기를 전시하기에 군용기에 관심이 있으면 참여를 통해 체험할 수 있어요.

국립항공박물관 Dream Talk

●교육 소개

현직자들에게 들어보는 생생한 항공 직업 이야기!!

국립항공박물관에서는 항공분야로의 진출을 꿈꾸는 중·고등학생을 위해 보잉코리아, 공군항공안전단, 아시아나항공 교육기부단과 협력하여 Dream Talk 프로그램을 마련했습니다.

조종사, 승무원, 정비사, 관제사뿐만 아니라 항공기 제작사와 공군 전투기 조종사, 정비사 등 현직자분들의 생생한 직업이야기와 함께, 국립항공박물관의 다양한 콘텐츠를 만나보실 수 있는 진로교육 프로그램입니다.

●교육 상세

▶ 교육 대상 : 중~고등학생

▶ 교육 일자 : 신청서 접수 후 조율

▶ 교육 장소 : 국립항공박물관 1층 대강당(단체), 2층 강의실(동아리)

●교육 구성[100분]

▶ 진로 특강(55분) : 현직자 분들의 진로 특강 & 질문답변 시간

▶ 전시관람(45분) : 국립항공박물관 전시실, 도슨트의 전시해설

●교육 신청 및 문의

▶ 교육 신청 : 국립항공박물관 온라인 항공학습터

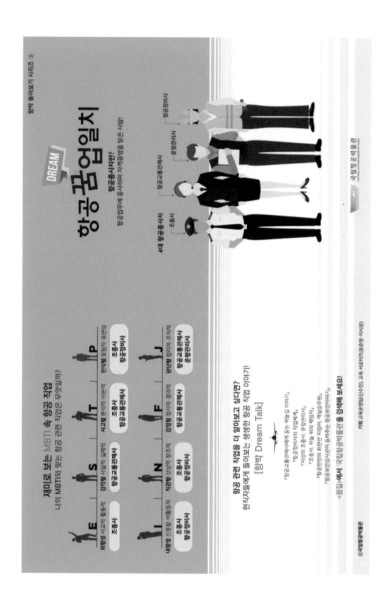

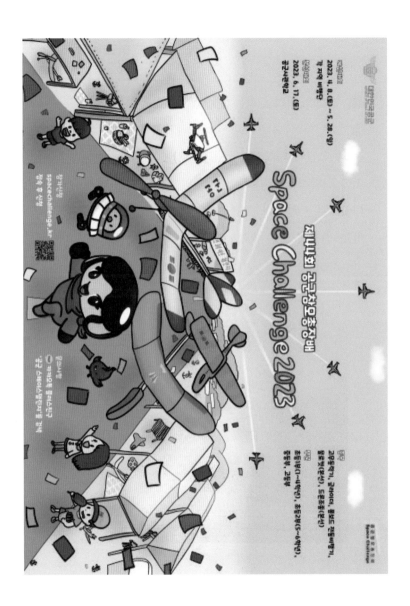

하늘을 나는 지구 여행자
파일럿

진학은 어디로 하는 게 좋을까요

편 진학은 어디로 하는 게 좋을까요?

김 파일럿이 되는 방법은 여러 가지가 있어요. 가장 빠르게
는 항공 관련 대학의 항공운항학과에 진학하거나 공군사관학
교에 진학하는 방법이 있죠. 항공조종사 양성 과정이 개설된
대학으로는 한국항공대학교, 한서대학교, 경운대학교, 극동대
학교, 중원대학교, 청주대학교, 초당대학교, 한국항공직업전문

한국항공대학교 항공운항학과 4학년 때 비행훈련을 하던 모습

학교 등이 있어요. 졸업 후 교관교육 이수 후에 비행교관이 되어 항공사가 원하는 비행경력을 확보하면 항공사에 입사할 수 있습니다. 일반대학을 나와서도 국토교통부가 지정한 항공조종사 전문 교육기관의 조종사 과정을 통해 교육받고 조종사가 될 수도 있고요. 일반대학에서 무엇을 전공했는지는 중요하지 않아요. 다만 이과 계열의 기계과, 컴퓨터공학과 등이 유리할 수는 있을 거예요. 한국항공우주산업(주), 써니항공 비행교육원, 스펙코어 비행교육원, ㈜한국항공 등에 조종사 교육과정이 있어요.

학교나 교육기관을 선택할 때는 자체 비행교육원을 보유한 곳이 더 좋을 것 같아요. 비행교육원을 보유한 곳은 이론 교육은 물론 비행 실습도 가능한 곳이에요. 반면에 비행교육원이 없는 곳은 이론 교육만 시키고 비행 실습은 미국이나 캐나다 등 외국의 기관에 위탁교육을 실행하는 곳이 있어요. 이런 경우는 비용이 더 많이 든다는 단점이 있죠.

군대에서도 조종사 교육이 가능합니다. 대표적으로는 공군사관학교가 있고, 육군 항공학교, 해군에서도 조종사를 양성해요. 다만 공군사관학교에 진학했다면 4년 간의 생도 생활을 마친 후 공군조종사로 복무하게 되는데요. 임관 이후 15년 차에 전역 기회가 주어져요. 이때 민간 항공사에 채용이 되면 전역

이후 민간 항공기 조종사로 근무할 수 있습니다. 또 항공운항학과에 재학하면서 3, 4학년 때 학군단 생활을 하고 비행기초훈련을 마쳤다면 대학 졸업 후 군 조종사로 복무하고, 임관 이후 13년 차에 전역 기회가 주어집니다. 역시 민간 항공사에 채용될 수 있죠. 그리고 영남대학교와 세종대학교에는 1학년 때 공군 장학생이 되는 학과가 개설되어 있어요. 이 학생들도 마찬가지로 졸업 후 군 생활을 해야 하죠. 마지막으로 해외의 전문교육기관에서 교육을 받거나 개인적으로 면장을 취득할 수도 있어요.

편 조종사를 양성하는 교육기관이 다양한 것 같아요.

김 예전에 조종사를 양성하는 곳은 공군사관학교와 한국항공대학교 밖에 없었어요. 그 외에는 소수의 인원이 육군과 해군에서 비행 훈련을 받는 정도였죠. 그런데 여행 자유화가 된 이후 해외여행의 수요가 높아지자 민간 항공사에 조종사가 많이 필요해졌어요. 당시에는 국내에 조종사 교육을 할 수 있는 교육기관이나 비행장이 없어서 외국에 나가 면장을 취득해오는 경우도 있었죠. 항공사에서 조종사 지망생을 뽑아 교육시키기도 했고요. 조종사의 수요가 계속 증가하면서 이제는 국내 교육기관도 많아진 거예요.

✈ 대학교 때 ROTC 생활을 했던 모습

편 군대에서 조종사가 되면 왜 의무 복무 기간이 있는 건가
요?

김 한 명의 조종사를 배출하기 위해서 드는 비용은 1억에
서 1억 5천만 원 정도 되는 것 같아요. 대학 등록금을 빼고 조
종사 교육 비용이 그렇게 들어요. 꽤 많이 들죠? 공군사관학
교 생도나 공군 ROTC, 공군 장학생들은 그 비용을 국가에서

지급해요. 그러니 당연히 군에 복무하는 게 맞겠죠. 저도 한국 항공대학교를 졸업하고 군대에서 조종사로 근무하다 전역한 경우예요. 그때는 의무 복무 기간이 10년이었고, 공군사관학교 출신은 13년이었죠. 요즘엔 조금 늘어서 사관생도는 15년, ROTC와 공군 장학생은 13년이라고 해요. 국가의 장학금을 받은 햇수만큼 복무 기간이 정해져 있죠. 의무 복무 기간이 끝날 때 즈음이면 보통 소령이나 대위급인데 이 사람들이 다 중령, 대령까지 진급할 수는 없어요. 진급할수록 필요한 인원은 적어지는 체계니까요. 공군에서는 소령까지 비행을 많이 하고 중령, 대령이 되면 관리하는 역할로 바뀌어요. 그래서 군에 남고 싶은 사람은 남고 비행을 계속하기를 원해서 민간 항공사로 자리를 옮기는 경우가 있죠.

조종사가 되기까지 비용이 많이 드는 이유가 있나요

편 조종사가 되기까지 비용이 많이 드는 이유가 있나요?

김 비행 실습 때문이에요. 제가 청소년이 대학을 선택할 때 비행교육원이 있는 곳이 더 좋겠다고 말했잖아요. 한국항공대학교는 제주도에, 한서대학교는 태안에, 청주대학교는 청주와 무안에, 초당대학교는 무안에, 한국항공전문학교는 울진에 비행 실습을 위한 비행장이 있어요. 제가 대학 다닐 때는 국내에 한국항공대학교만 학생들이 실습할 수 있는 비행장을 소유하고 있었는데 요즘엔 꽤 많이 생겼어요. 비행실습을 하기 위한 비행장과 비행기가 있다는 건 그만큼 큰 비용이 들어간다는 것이고, 이 비용은 학생들이 내는 교육비에서 충당되는 거죠. 그래서 교육비가 비싼 거예요.

국가장학금을 받을 수 있는 공군사관학교에 진학하거나 공군 ROTC, 조종장학생이 되면 비용이 들지 않는다는 장점이 있어요. 대신 국가장학금을 받아 조종사가 되었을 때는 의무 복무 기간을 채워야 하는데요. 비행 교육을 받는다고 해도 모두가 조종사가 되는 건 아니라는 단점도 있죠. 제가 한국항공대학교 항공운항학과 입학했을 때는 입학생이 40명이었는데 공군에서 고정익 조종사가 된 동기는 10명이 조금 넘었어요. 공군에서 비행 교육을 받을 때는 단계가 있어요. 약간의 비행 실습 후 Initial 평가에 통과하면 다음 단계의 훈련 후 단독비행 평가를 마친 후 단독 비행을 해요. 만약 중간 평가 단계에서 불합격이 되어 단독 비행의 기회를 놓치면 도태하는 거예요. 조종사가 될 수 없는 거죠. 이 과정에서 불합격되면 비조종 특기로 군 복무를 하게 돼요. 대신에 다른 분야에서 장교로 근무하는 거죠.

운항학과가 있는 대학교와 사설 비행교육원은 비행시간을 못 채워서 다음 단계로 넘어가지 못하는 경우는 거의 없어요. 비행시간에 따라 훈련 비용을 따로 지불하기 때문에 그 시간만큼 탈 수 있어요. 조종사가 되고 싶다는 의지가 있고 준비가 되어 있다면 개인의 상황에 맞춰 군, 대학 또는 사설 비행교육원을 선택하여 일정 시간의 훈련을 받은 후 누구나 조종사가 될 수 있죠.

편 군에서 조종사가 되면 오랜 시간 군복무를 해야 하지만 비용은 들지 않는다는 장점이 있는 거군요.

김 물론 민간 비행기관에서 비행경력을 쌓은 분들 보다 조금 늦게 민간 항공사의 조종사가 될 수 있어요. 반면에 군 조종사는 비용을 들이지 않고 비행훈련을 받고, 장교로서 국토

✈ 1972년 공군이 조종사의 초등비행 훈련을 위해 도입한 T-41 항공기. 34년 동안 6,000여 명의 조종사를 배출하고 2006년 퇴역.

방위라는 책임감을 갖고 비행을 하기에 대부분의 항공사에서 환영해요. 군대의 엄격함과 책임감이 몸에 밴 사람들이라 믿고 선발한다고 할까요. 그리고 또 하나의 장점이 있죠. 항공사에서 조종사를 뽑을 때 요구하는 최소 비행시간이 있어요. 소형 항공사는 200시간 이상을 요구한다면 대한항공은 1,000시간이에요. 군 조종사는 13년 이상 비행을 했으니 전역할 때는 1,000시간이 넘어요. 그럼 바로 대형 항공사에 취업할 수 있죠.

조종사의 타임빌딩은 무엇인가요

편 조종사의 타임빌딩은 무엇인가요?

김 타임빌딩Time Building은 말 그대로 비행시간을 쌓는 거예요. 조종사가 되기 위해 지불하는 많은 비용과 시간은 사실 타임빌딩을 쌓기 위한 거라고 볼 수 있습니다. 공군 조종사는 타임빌딩을 쌓는데 어려움이 없어요. 대부분 의무 복무 기간 내에 1,000시간 이상은 무리가 없죠. 그런데 사설 교육기관에서 조종사 면장을 취득한 사람이라면 타임빌딩을 쌓는데 어려움이 있어요. 교육기관에서 200시간 비행은 가능하지만 그 이상은 어렵거든요. 이런 경우 200시간만 요구하는 회사에 들어가서 비행시간을 축적하는 방법이 있어요. 소방 관제하는 회사나 영상 촬영하는 회사는 작은 프로펠러를 운영하는데 거기서 비행시간을 쌓아서 항공사에 들어오는 방법이 있고요. 또 외국에 있는 작은 항공사의 화물만 운반하는 조그마한 프로펠러 항공기 조종사로 취직해서 적은 월급을 받고 타임빌딩을 쌓는 경우도 종종 있죠.

또 다른 방법으로는 조종사 면장을 취득한 후 비행교관으로 진출하는 거예요. 비행훈련원의 비행교관이 되면 비행시간을 축적하는데 큰 도움이 돼요. 비행교관은 조종사가 갖춰야 할 자가용/사업용/계기비행 자격증을 모두 취득한 후 교관양성 과정을 통해 CFI^{Certified Flight Instructor} 자격증을 취득하죠. 교관으로 채용되면 3~4명 정도의 훈련생을 담당하며 타임빌딩을 축적할 수 있어요.

항공사의 조종사가 되기 위해
갖춰야 할 다른 자격은 무엇이 있을까요

편 항공사의 조종사가 되기 위해 갖춰야 할 다른 자격은 무엇이 있을까요?

김 항공신체검사 1급, EPTA 4급 이상의 영어 실력을 갖춰야 합니다. 가장 기본적인 것은 항공신체검사예요. 신체검사는 조종사가 되는 가장 처음 관문으로 공군사관학교에 지원하거나 대학 또는 교육기관에 지원할 때도 신체검사는 필수예요. 이 조건을 충족하지 못하면 아예 교육받을 자격이 주어지지 않는 거죠. 그리고 면장을 취득할 때, 항공사에 취업할 때도 받고, 취업하고 나서는 1년에 한 번씩 정기적으로 받고요. EPTA는 앞에서도 얘기했듯이 4급 이상이어야 합니다. 항공무선통신사 자격증도 필요하죠. 이건 무선통신을 하기 위한 시험으로 그렇게 어려운 시험은 아니에요. 그리고 사업용, 계기비행, 다발 한정 증명, 항공사에서 요구하는 타임빌딩을 충족해야 해요.

편 이렇게 자격을 충족하면 항공사에 지원할 수 있겠어요.

김 항공사 별로 신입, 경력 구분해서 채용공고를 냅니다. 그것을 찾아보고 지원을 하면 되죠. 항공사의 전형은 보통 4차에 걸쳐 진행되는데요. 1차는 서류심사, 2차는 지식심사/영어구술/인성검사를 하는데, 영어구술은 외국인이 심사해요. 3차는 기량심사/신체검사로, 기량심사는 시뮬레이터에서 하죠. 3차까지 통과했다면 마지막으로 임원 면접을 봅니다. 최종 합격하면 입사 교육을 받고 조종사로 근무하게 되죠.

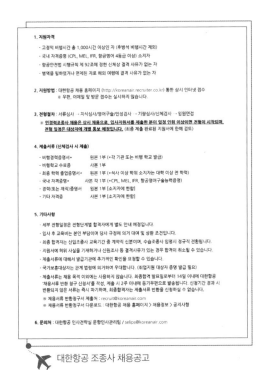

대한항공 조종사 채용공고

파일럿이 되면

항공사에 입사 후 따로 교육받는 게 있나요

편 항공사에 입사한 후에 따로 받는 교육이 있다면 무엇일까요?

김 항공사마다 입사 후 교육과정이 다를 수 있지만 기본적으로는 비슷할 것 같아요. 먼저 기본 입사 교육을 받죠. 전 직종 및 타 부서 입사 직원들과 함께 전반적인 신입사원 교육을 이수합니다. 그리고 조종사는 훈련 담당 부서에서 관제, 항법, 회사 규정, 기내 방송 등 회사의 규정과 조종사 소양 과정을 이수하죠. 요즘엔 다른 부서 체험을 하는 교육이 있어요. 조종사로 입사했어도 정비 부서, 일반 사무직 부서, 객실서비스 아카데미에서 짧은 기간 동안 근무해 보는 거예요. 다른 부서 체험을 통해 회사의 시스템을 이해할 수 있도록 하는 것 같아요.

이런 기본 교육이 끝나면 항공기 기종 배정을 받고 그 기종의 한정증명Type Rating을 취득해요. 한정증명은 상업용 항공기 종류에 따라 요구하는 조종 자격이에요. 항공사는 B737, A321, B787 등 다양한 항공기를 보유하고 있어요. 조종사는 그 중에서 배정받은 항공기를 조종할 수 있는 자격을 취득해야 하죠. 상업용 민간 항공기 대부분이 터보제트 항공기이기 때문에 제트 레이팅Jet Rating이라고도 해요. Rating 교육은 그라운드 스쿨에서 한 달 하고 난 다음 시뮬레이터 교육을 해요. 이 교육이 끝나고 배정받은 항공기의 한정증명을 취득했다면 실제 항공편에 탑승해 훈련을 받고 부기장이 되어 실제 운항에 임하게 됩니다. 이 과정이 6개월 정도 걸려요. 외국의 경우 Rating을 할 때 본인이 기종을 선택할 수 있어요. 대신 훈련 비용은 본인이 부담해요. 우리나라는 항공사에서 무료로 교육시킨다는 게 다르죠.

편 배정 받은 비행기에서 다른 비행기로 바뀌면 어떻게 하나요?

김 전환평가라는 게 있어요. 비행기가 바뀌면 다시 공부하고 심사를 받죠. 기종이 바뀔 때마다 해야 하는 평가입니다. 그리고 한번 평가를 받는 것으로 끝나지 않아요. 자기가 타는 기종에서 3개월에 세 번의 이·착륙이 없으면 자격이 없어져요. 예를 들어 제가 소형기에서 대형기로 기종을 바꿔서 3개월 이상 소형기에 타지 않았다면 그 기종을 조종할 자격이 없어지는 거죠. 하지만 기종의 자격을 갖고 있다면 재자격 훈련만 받으면 되기 때문에 전환훈련보다 짧은 시간에 다시 자격을 취득할 수 있어요.

조종사가 익혀야 할 매뉴얼은 어떤 것이 있나요

편 조종사가 되면 익혀야 할 각종 매뉴얼이 있을 것 같아요. 어떤 것들이 있나요?

김 조종사는 항공기의 성능과 구조에 관한 공부, 항공기가 하늘을 나는 원리에 대한 공부, 항공법 등 알아야 할 것들이 많습니다. 여기에 더해 항공기 매뉴얼, 항공사 매뉴얼들도 있어요. 비행을 시작하게 되면 항공기 제작사가 항공기 기종별 세부사항과 운항 조작 시 주의 사항들을 기록한 매뉴얼인 비행운영교범으로 AFM^{Aircraft Flight Manual}, FOM^{Flight Operation Manual} 등을 제공해요. 여기에는 정상 운항 절차 이외에도 고도 변경이나 다이렉트 항로 요구에 따른 연료 관리, 이륙 시 엔진이 정상적으로 작동하지 않을 때 대응하는 방법, 비상 강하를 할 때 기내 압력 상실에 대처하는 방법, 기내에 화재가 발생했을 때 17분 안에 해야 하는 일, 이륙을 중단해야 하는 항목, 회항을 결정하는 요인, 각종 비정상 상황에 대한 절차가 수록되어 있어요. 또한 안전과 보안 관련한 각종 사례별 대응 방법이 자세히 수록되어 있죠. 조종사와 객실승무원은 내용을 숙지하고 상황 발생 시 즉시 대처해야 해요.

편 지금 나열하신 항목만으로도 익혀야 할 사항이 꽤 많은 것 같아요. 이 모든 매뉴얼을 다 외우고 있어야 하는 건가요?

김 항공기 결함이나 고장에 관련된 항목은 너무 많고 내용이 방대해서 조종사가 다 외우기는 어려워요. 그래서 퀵 레퍼런스 핸드북Quick Reference Handbook이라는 긴급참고교범을 참고하죠. 종이책도 비행기 내에 비치되어 있지만, 조종사가 지급받는 태블릿 PC에도 내장되어 있고, 최신 항공기에는 항공기 자체에 내장되어 있기도 해요. 거기에는 항목별로 정리되어 있어서 키워드를 치면 바로 내용을 확인할 수 있어요. 내용을 보면 굵은 글씨가 중간중간에 있는데, 이건 조종사가 다 외우고 있어야 하는 거예요. 어느 부분이 어떤 현상이 나타나면 어떻게 대처하면 된다는 내용들입니다. 예를 들어 엔진 하나에 화재가 발생했다면 엔진에 있는 소화기를 사용하여 불을 끄고 나머지 엔진으로 비행을 하는 절차가 수록되어 있는데요. 이 절차에 따라 조종사가 그 과정을 실행하면 거예요. 급박한 상황이라 내용을 자세히 읽을 수 없으니까 굵은 글씨를 따라가며 그대로 처치하는 거죠. 항공기가 공항에 정차해 있을 때는 정비사들이 해야 할 일이지만 비행 중에 이상 증상이 나타나서 정상 운항에 차질이 생길 때는 이렇게 임시로 조치할 수 있는 방법이 다 있어요. 조종사는 매뉴얼에 따라 그대로 실행만

하면 돼요. 이때 한 가지 명심할 게 있어요. 조종사가 절대 임의적으로 판단해서 자기 생각대로 대처해서는 안 된다는 거예요. 항공기 제작사는 비행 중에 기기에 문제가 생길 때를 대비해 안전장치를 여러 겹 해 놓았어요. 요즘 항공기는 거대하고 복잡한 시스템으로 운영되기 때문에 조종사의 판단이 아니라 철저하게 매뉴얼에 따라 한 단계, 한 단계 실행하면 되는 거예요.

비행 중 일어나는 일에 대처하기 위한
매뉴얼은 무엇이 있을까요

편 비행 중에 기내에서 아무 일이 일어나지 않으면 좋겠지만, 만약에 일어날 수도 있는 일에 대비한 매뉴얼이 여러 가지 있다고 하셨어요. 먼저 응급환자가 발생하면 어떻게 대처하는지 알려주세요.

김 항공기 안에는 응급환자가 발생했을 때를 대비한 장비들이 갖춰져 있어요. 또 객실승무원들이 응급처치 훈련을 받았기 때문에 실제로 환자가 발생했을 때 즉각 조치를 취할 수 있어요. 그리고 조종실에는 위성전화 시스템이 있어요. 환자가 발생했는데 기내에서 처치를 할 수 없는 경우라면 회사에 24시간 대기하고 있는 전문의를 연결해 환자의 상태를 알리고 의사의 지시에 따라 긴급 조처를 할 수 있죠. 그런데 환자의 상태가 위중해서 기내에서 해결할 수 없는 경우라면 출발지로 회항하거나 인근 공항에 비상착륙을 해야 해요. 이런 경우 착륙하는 공항에 연락해 구급차와 의료인력을 준비시키죠.

편 비상탈출을 해야 할 상황이 발생하면 어떻게 하나요?

김 비상탈출 시에는 항공기 제작사에서 제공하는 퀵 레퍼런스 핸드북 맨 마지막 장에 있는 Evacuation check list에 따라 순서대로 절차를 진행합니다. 비상탈출을 해야 하는 상황은 매우 급박하고 시간이 별로 없어요. 이 중요한 순간에 책을 펴서 항목을 찾는 시간도 아까우니까 맨 마지막 장에 넣어둔 거예요. 그런 상황이 생기면 비상탈출 절차에 따라 엔진을 끄고 연료를 차단해요. 동시에 객실승무원에게 우리 비행기가 지금 비상탈출을 할 거라고 알려주고 대비할 수 있게 하지요.

기내에 화재가 났을 때는 어떻게 대처하나요

편 기내에 화재가 났을 때는 어떻게 대처하나요?

김 항공기 사고 중에 제일 위험한 것이 화재입니다. 화재가 나서 바로 진압하지 못하면 항공기는 17분 만에 전소돼요. 화재가 발생한 곳이 기내일 때도 있고, 엔진일 때도 있고, 수화물 칸일 때도 있고, 당장에 원인을 알 수 없을 때도 있어요. 만약 기내에서 화재가 나서 눈에 띄었다면 재빨리 소화기를 분사하거나 적절한 조치를 취해서 진압할 수 있겠죠. 그런데 대부분의 화재는 언제 어디서 시작되었는지 알 수 없는 상태에서 화재경보기가 울려서 알게 되는 경우가 많아요. 화재가 나면 조종사는 가장 가까운 공항에 비상착륙을 해야 합니다. 앞에서 조종사는 어디에 있든 가장 가까운 공항을 예비공항으로 두고 있어야 한다고 얘기했는데요, 이런 상황 때문에 그래요. 문제는 예비공항에 착륙하는 게 자동차를 주차장에 세우는 것처럼 쉽지 않다는 거예요. 먼저 공항의 허가를 받아야 하고, 가지고 있던 연료를 버려야 하고, 착륙이 가능한 활주로가 지정될 때까지 기다려야 하는 등 여러 문제가 연쇄적으로 발생하죠. 하지만 이 모든 일이 10분 안에는 이루어져야 해요. 항공기가 17분 이내에 전소되기 때문에 비상착륙하는데 10분 이상 사용할 수가 없어요.

편 이런 상황에 대비한 훈련도 하시겠어요.

김 화재는 매우 큰 사고로 이어지기 때문에 이런 상황에 대비해 훈련을 철저히 합니다. 이륙하자마자 불이 났을 때, 비행 중 어느 고도에서 불이 났을 때, 착륙하면서 불이 났을 때 등등 거의 모든 상황을 예측해서 시뮬레이터로 훈련해요. 앞에서 조종사는 비행할 때 항상 이 지점에서 비상착륙 할 예비공항을 선정해 두어야 한다고 했잖아요. 바로 이런 경우를 대비하기 위해서예요. 인근에 비상착륙할 예비공항이 없고 망망대해의 해상일 경우를 가정해서 바다에 착수하는 Ditching 훈련도 합니다.

편 이 밖에 다른 위험한 상황은 없나요?

김 기내 여압이 상실되었을 때도 위험하죠. 8천 피트 이상의 고도에서 기내 여압이 상실되면 승객들은 산소마스크를 써야 해요. 1만 피트 이상이면 산소가 없어서 의식이 서서히 상실되는 현상이 나타나요. 그렇기 때문에 고고도에서 여압 상실이 발생하면 조종사는 주변 항공기가 모두 들을 수 있는 공용 주파수에 비상 상황을 알리고 비상 강하한다고 통보해요. 지금 어느 지점 몇 피트인데 얼마의 속도로 강하하고 있다고 진행 상황을 계속 알리는 거예요. 이때 조종사는 계속 판단을 하죠. 어떻게 강하해야 피해가 최소화될 수 있는지를요. 이렇게 1만 피트 이하의 고도가 되면 기내 상황을 파악하고 1만 피트 이하의 고도로 목적지까지 갈 수 있는지 판단하여 불가능하다면 인근 공항에 착륙을 해야 해요. 여객기는 8천 피트 이상의 고도에 가는 일이 거의 없지만 그 이하일 때도 어떤 이유로 기내 여압이 상실될 때가 있는데 그때는 즉시 현 고도에서 수평을 유지한 후 위와 같은 절차를 하게 되죠.

편 이런 상황이 발생하지 않으면 좋겠지만 혹시 발생했을 때 재빨리 판단해서 행동을 하는 게 중요하군요. 그런데 항공기에 따라서 대처하는 방법이 다르기도 하나요?

김 비슷한 상황일 때 항공기 종류에 따라 대처하는 방법이 다 달라요. 예를 들어 공항에 안개가 껴서 시정거리가 짧을 때 어떤 항공기는 이·착륙을 하고 어떤 항공기는 연착되었다는 뉴스를 들어본 적 있을 거예요. 그게 항공기 기종에 따라 안정성이 다르기 때문이에요. 어떤 항공기는 시정거리가 350m 이하이면 이·착륙이 불가능한 반면, 어떤 항공기는 75m, 125m 시정에도 이·착륙할 수 있어요.

90초 룰은 무엇인가요

편 90초 룰이라는 게 있다고 들었어요. 그게 무엇인가요?

김 비행기가 비상착륙한 후 90초 이내에 승객들을 모두 탈출시키는 것을 말합니다. 모든 항공기는 90초 이내에 승객들이 탈출할 수 있도록 설계되어 있고, 항공기를 새로 도입할 때 90초 이내에 승객들이 전원 탈출하는 실험을 통과해야 국토교통부에서 운항할 수 있는 허가를 내줘요. 이때는 실제로 비행기에 장착된 슬라이드를 이용하는데요, 한 번에 통과하지 못하면 또 해야 해요. 슬라이드는 일회용이라 한 번 터지면 다시 장착할 수 없어서 비용이 많이 들어요. 이 실험에 통과하지 못하면 운항 허가가 나지 않기 때문에 성공할 때까지 해야 하는 거죠.

비상탈출할 때는 항공기 구조도 중요하지만 승무원들의 역량도 중요해요. 그래서 모든 승무원은 비상 상황에 대비할 수 있도록 혹독하다 싶을 만큼 반복 훈련을 꾸준히 하고 있죠. 비상탈출 훈련은 객실승무원과 운항승무원이 매년 함께 훈련도 하는데요. 90초 이내에 비행기에서 탈출하는 교육, 각종 생환 장비 사용법, 물 위에서 보트 타고 노를 저어 그 자리를 벗어나는 교육 등이에요. 회사에서는 이런 훈련이 가능하도록 훈런장에 모형 비행기도 있고, 보트 타고 탈출할 수 있는 훈련을 위한 수영장도 만들어 놓았어요.

조종사는 비상탈출을 시킬 것인지 안 시킬 것인지 판단하는 게 가장 중요해요. 비상탈출을 결심했으면 90초 룰에 따라 승객을 탈출시키기 위해 최선을 다해야죠. 그런데 비상탈출할 때는 조종사의 역할은 적어요. 조종사는 최대한 위험하지 않게 착륙하는 게 중요한 임무이고, 실제로 승객들을 탈출시키는 건 객실승무원들의 역할이 더 커요. 비상탈출을 할 때 객실승무원은 승객들에게 샤우팅을 하는 게 수칙이에요. 길게 설명하고 친절하게 안내할 시간이 없어요. 짧고 간명하게 지시하는 언어를 사용해요. 예전에는 승무원들이 왜 소리를 치고 그러냐고 불만을 표시하는 승객들이 있었는데 요즘엔 그게 안전을 위해 승무원들이 취해야 할 태도라는 걸 아니까 그런 분들은 거의 없어요.

조종사 자격 유지를 위한 교육이나 시험이 있나요

편 조종사 자격 유지를 위한 교육이나 시험이 있나요?

김 조종사는 일 년에 두 번 전반기와 후반기에 정기적으로 시뮬레이터Simulator를 통한 훈련과 평가를 받아요. 이 평가는 조종사의 의무 사항으로 평가를 받지 않을 경우 비행 나갈 수 있는 자격을 상실해요. 저 같은 경우는 1월과 7월로 정해져 있어서 12월과 2월 사이, 6월과 8월 사이에 해야 해요. 훈련은 비상 상황에 대비한 것으로 반복 훈련을 통해 잊지 않고 무의식적으로 비상 상황에 대처할 수 있도록 리마인드를 하는 거죠. 비정상 상황을 고려해 다양한 조건이 주어지기 때문에 마음 편하게 임할 수는 없어요. 지상에서 하는 학술교육도 있어요. 학술교육은 강의실에서 하는 오프라인 교육과 교육 영상을 시청하거나 강의를 듣는 형식의 온라인으로 이뤄지고 있어요. 교육을 받은 후에는 필기시험도 봅니다. 교육을 이수하지 않거나 심사에서 탈락하면 재시험의 기회가 주어지는데, 만약 재시험에서도 통과하지 못하면 더 이상 비행을 하지 못할 수 있어요. 사실 교육과 시험, 심사는 기존의 업무를 잘 수행하기 위한 확인과 보강의 수준이라 매우 새롭고 어려운 것은 없어요.

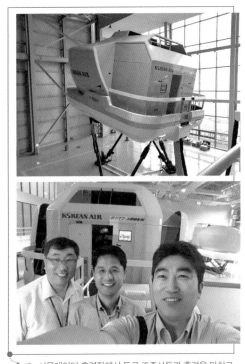

시뮬레이터 훈련장에서 동료 조종사들과 훈련을 마치고

훈련할 때는 세 개의 엔진 중 두 개가 살아있는 상황처럼 비교적 쉽게 해결할 수 있는 상황들은 설정하지 않아요. 최악의 상황을 만들어놓고 훈련하죠. 실제로 이런 일이 일어날 확률은 거의 없지만 복합적으로 문제가 발생했을 때 비상착륙을 하는 훈련을 하는 거예요. 예를 들어 연료 계통이 모두 기능을 상실했는데 여기에 유압계통 비정상이 생기고 엔진 하나가 동력을 상실했을 경우 비행기를 어떻게 안전하게 착륙시킬까, 캄차카 반도에서 화산재와 조우하였을 경우 어떻게 조치하여 어떤 공항으로 회항할까, 이런 상황들이 주어지죠. 조종사는 이렇게 비정상적인 상황을 해결하는 훈련을 하는 거예요. 실제로 비행기를 타고 하는 훈련이 아니라 시뮬레이터에서 하는 거지만 긴장되지 않을 수는 없죠. 이 훈련은 경력과 상관없이 정기적으로 하는 거라 조종사의 업무를 하는 날까지 해야 하는 거예요.

또 모든 조종사는 1년에 한 번 신체검사를 받아요. 이것도 모두 통과해야 계속 일을 할 수 있어요. 교육과 심사가 많다는 게 다른 직업과 차이가 있어요. 또한 국토교통부에서 새로운 정책이 나왔거나 규정이 바뀌었을 때, 새로운 장비가 들어왔을 때 회사에서 하는 교육도 받죠.

편 또 다른 심사도 있나요?

김 기장은 1년에 한 번 노선심사Route Check를 받아요. 국토교통부에서 주관하는 평가인데요. 실제로 비행하는 항공기에 심사관이 조종석 뒷좌석에 탑승해 조종사가 절차대로 안전하게 운항하고 있는지 평가하는 거예요. 노선심사는 비정상 상황이 없는 일상적인 비행의 절차만 수행하면 되기 때문에 크게 어렵지는 않아요. 날씨가 좋고 항공기에 고장이 생기거나 객실에서 특별한 일이 발생하지 않으면 늘 해오던 대로 비행을 하면 되니까 조종사들이 받는 여러 평가들 중에서 그나마 마음 편한 평가에 속하지만 긴장은 많이 돼요.

편 훈련 심사는 누가 하나요?

김 1년에 두 번 하는 훈련의 평가는 회사 내의 심사관이 할 수도 있고, 회사에서 위탁한 기관에서 심사관이 파견돼서 할 수도 있어요.

편 조종사는 왜 이렇게 교육과 심사가 많을까요?

김 이 직업을 가진 사람이 최우선으로 두어야 할 목표는 안전이에요. 사고를 예방하는 것이 가장 중요하지만 사고가 발생하였을 경우 적절하고 재빠른 대응으로 피해를 줄이는 것 또한 중요해요. 비행기 사고 확률은 매우 적지만 사고가 나면 탑승객 전원이 사망하는 대형 사고로 이어질 확률이 높아요. 그래서 사고에 대비한 훈련과 교육을 주기적으로 반복해서 모든 승무원이 즉각 대처할 수 있도록 대비하는 거죠.

편 특별히 부담되는 심사가 있나요?

김 저는 신체검사에 신경을 써요. 젊은 조종사들은 신체검사가 전혀 부담스럽지 않죠. 저도 그랬고요. 그런데 나이가 드니 비행 심사나 시뮬레이터 심사보다 신체검사가 더 중요해지더라고요.

근무 시간과 휴일은 어떻게 되나요

편 조종사의 근무 시간과 휴일은 어떻게 되나요?

김 근무시간에는 승무시간이 포함되어 있고, 통상 승무시간을 비행시간이라고 해요. 근무시간은 한 달 단위로 공시되는데, 장거리 노선과 단거리 노선을 합하여 약 70~80시간 정도 비행을 해요. 휴일은 따로 정해져 있지 않고 비행 후 보통 3~4일 정도 휴식 시간을 가져요. 비행이 없는 날이라도 모두 쉬는 날은 아니에요. 쉬면서 대기해야 하는 날도 있어요. 당일 비행할 조종사가 결원이 될 경우를 대비하여 회사에서 호출하면 가능한 가장 빠른 시간에 비행이 가능하도록 준비하고 쉬는 자택대기가 있어요. 그날은 언제라도 비행근무를 할 수 있도록 모든 준비를 완벽히 갖춘 후 대기하기 때문에 좀 긴장되는 날이죠. 그리고 일반대기가 있는데, 24시간 이후 비행에 투입이 될 수 있으니 비행근무 알림에 대비하라는 거예요. 24시간이 지나면 해제되죠. 일반 직장인에 비해 쉬는 날이 정기적이지 않지만 자택대기와 일반대기 일을 제외하고 1개월 평균 10일 정도의 휴일이 있고, 이외에도 근로기준법에 따라 월차와 연차를 모두 사용할 수 있어요.

파일럿의 직급 체계는 어떻게 되나요

편 파일럿의 직급 체계는 어떻게 되나요? 또 평가 체계가 있다면 말씀해주세요.

김 이 직업은 진급 스트레스가 없어요. 동료들끼리 경쟁 관계가 아니에요. 직급 체계는 기본적으로 기장과 부기장으로 나뉘고, 기장 중에는 교관과 심사관 정도로 나눌 수 있어요. 기장은 몇 년 차든 다 기장이에요. 항공사에 입사할 때는 부기장이었다가 타임빌딩을 쌓고 운송용 면장을 취득하고 기장 승격 훈련 후 심사에 합격하면 기장이 되는 거예요. 그리고 기장은 교관이나 심사관이 될 수 있어요. 항공사는 사내에 조종사도 많고 자격을 갖춘 사람이 많기 때문에 기장들 중에서 교관과 심사관을 선발합니다. 비행교관은 신입사원의 교육 훈련, 부기장과 기장 교육을 맡아요. 교육은 지상에서 학술 교육을 하는 그라운드 교육과 비행 교육이 있는데 어느 한 가지를 전담하는 건 아니고 다 겸하고 있어요. 교관은 한 명의 피교육자를 담당해요. 피교육자가 신입사원일 때도 있고, 전환 교육을 받는 기장/부기장일 때도 있고, 기장 교육을 받는 부기장일 때도 있는데, 한 명을 몇 개월에 걸쳐 교육하는 거죠. 그래서 한 달 스케줄에는 부기장과의 비행 이외에도 교육하는 비행도 포함되어 있어요.

<편> 교육할 때 교관은 어느 좌석에 앉나요?

<김> 조종석은 두 개의 좌석이 있어요. 왼쪽 좌석이 기장석, 오른쪽 좌석은 부기장석이죠. 조종석의 좌석은 자격이에요. 자격을 가진 사람만 앉을 수 있다는 거죠. 그래서 기장은 반드시 왼쪽 좌석에 앉아야 하는데 딱 한 가지 예외가 있어요. 기장 교육을 받는 부기장이 기장 교육 대상일 때는 교관이 오른쪽 좌석에 앉아요. 부기장을 교육할 때는 당연히 기장석에 앉고요.

<편> 심사관은 무엇을 하는 건가요?

<김> 정확하게는 국토교통부 위촉 심사관이에요. 원래는 국토교통부 소속의 항공안전감독관이 항공기 운항 분야의 인가, 증명, 승인 등을 하게 되어있어요. 그런데 조종사의 자격 증명이나 한정 시험, 실비행 평가 등은 국토교통부 감독관들이 다 할 수는 없어요. 조종사들이 워낙 많기 때문이죠. 그래서 항공사에 위촉하는 거예요. 새로 생긴 항공사 또는 신기종을 운영할 경우에는 일정기간 위촉 심사관이 없지만, 조건이 충족되면 국토교통부에서 회사 내에 있는 조종사들에게 심사관을 위

촉하죠. 하지만 누가 어떤 평가를 맡고 있는지는 공개하지 않아요. 심사관이 되면 여러 가지 훈련 평가를 하게 됩니다. 기장이 1년에 한번 받는 노선평가 심사관도 있고, 자격증명 심사관도 있고, 여러 분야가 있어요. 심사관이 되었을 때는 회사 동료가 아니라 객관적인 심사관의 역할을 철저히 해야 해요.

파일럿의 연봉은 얼마인가요

🔵편 파일럿의 연봉은 얼마인가요?

🔵김 국내 항공사가 몇 없었을 때는 회사에 따른 연봉의 차이가 크지 않았던 것 같은데, 요즘엔 LCC와 신생 항공사도 많아서 연봉 차이가 좀 있어요. 연봉은 또 조종사의 비행시간과 연관이 있어요. LCC 또는 신생 항공사는 입사 시 비행시간 충족 기준이 다르기 때문에 FSC 항공사의 조종사와 약간 다른 것 같아요. 이렇게 회사에 따라 경력에 따라 다르지만 국내 항공사의 경우 입사 후 부기장이 되면 보통 회사의 과장 정도의 연봉으로 시작하여 경력이 올라감에 따라 기본 호봉과 비행수당도 함께 오르고요. 기장이 되면 보통 회사의 차, 부장 정도의 월급으로 시작해서 경력이 올라가면서 역시 기본 호봉과 비행수당이 함께 오릅니다.

대부분의 항공사에서 조종사는 비행수당을 따로 받는데요. 각 회사에 따라 정해진 기준 시간을 초과하게 되면 가산되어 지급하는 방식을 취하죠. 대형기 조종사냐 소형기 조종사냐에 따라서도 책정된 비행수당이 다를 수 있습니다. 그래서 같은 사람이라도 기준 시간 이상으로 비행을 한 달과 적게 한 달의 월급이 다르죠.

파일럿의 복지 혜택은 무엇이 있나요

편 파일럿의 복지 혜택은 무엇이 있나요?

김 회사마다 다르겠지만 대부분의 항공사에서는 조종사에게 무료 항공권 제공, 할인된 가격으로 항공권을 구매할 수 있는 제도를 운영하고 있어요. 횟수는 정해져 있는데 실제로 다 사용하는 사람들은 드물더라고요. 그만큼 본인과 가족들이 충분히 사용할 수 있어요. 항공사에 근무하는 사람들이 가장 좋아하는 혜택이죠. 1년에 한 번씩 배우자 동반 해외여행을 보내주는 회사도 있어요. 기혼자들은 부부가 갈 수 있고, 미혼은 부모님과 갈 수도 있는 것으로 알고 있어요. 해외 호텔을 이용할 경우 할인을 받을 수 있고 체류 호텔의 휘트니스 이용도 가능하죠. 그리고 자녀 학자금은 대학까지 지원되고요.

이 일을 하기 위해 따로 노력하는 것이 있나요

편 이 일을 하기 위해 따로 노력하는 것이 있나요?

김 쉬는 날 ICAO나 FAA^{Federal Aviation Administration, 미국 연방항공국},
EASA^{European Aviation Safety Agency, 유럽 항공안전청}, 국토교통부 사이트
에 들어가서 새로 도입될 장비나 바뀌게 될 정책 등 최신 정
보를 찾아봐요. 보잉사나 에어버스사의 사이트도 방문해서 요
즘 이 회사들이 관심을 가지고 개발하는 것은 무엇인지도 살
피죠. 그리고 체력 관리를 위해 가능한 격하지 않은 등산, 자전
거 타기, PT 등의 운동을 해요. 또 기계를 조작하는 직업이라
서 인문학적 감성을 키우기 위해 인문학 도서를 많이 읽으려
고 노력하죠.

파일럿에게
궁금한 이야기

관제사와는 어떻게 교신하나요?

편 조종사가 비행 업무를 할 때 교신을 주고받는 것도 중요한 일일 것 같아요. 관제사와는 어떻게 교신하나요?

김 비행 업무가 시작된 후부터 끝날 때까지 조종사는 항공관제용어를 사용해 여러 관제사와 교신을 합니다. 이때 조종사가 무엇을 한다고 말을 하면 통신하는 관제사는 그 말을 복창하죠. 반대로 상대방이 무엇을 지시할 때 조종사도 그 말을 그대로 따라하고요. 여러분도 영화나 드라마에서 이런 리드백의 소통 방식을 보았을 거예요. 한 사람이 말하면 다른 사람이 받고, 이렇게 딱딱 주고받으면서 일이 착착 진행되는 거죠. 만약에 상대방이 리드백을 하지 않았다면 그건 문제가 생긴 거예요. 예를 들어 비행기 시동을 건다고 말했는데 지상에 있는 관제사가 답을 하지 않아요. 그러면 시동을 걸어서는 안 돼요. 조종실에 있는 조종사는 지상에서 어떤 일이 벌어지고 있는지 모르기 때문이죠. 이렇게 조종사는 항공기를 조종하기 시작할 때부터 운항을 멈출 때가지 관제사와 교신해야 합니다.

편 비행 중에 가까이에 떠 있는 비행기 조종사들과도 통신할 수 있나요?

김 그럼요. 난기류가 예상되는 구역을 지나기 전에 앞에 있는 비행기 조종사와 비상 주파수를 통해 소통할 수 있어요. 통신이 가능한 거리가 있는데, 그 안에 있으면 직접 물어봐요. 그 거리를 넘어서 있으면 같은 항공사 조종사끼리는 데이터 통신으로 소통할 수 있어요. 팩스로 내용을 주고받는 것과 비슷한 거예요. 이렇게 비행기끼리 기상 요란은 어느 정도냐, 터뷸런스의 강도는 얼마나 되느냐도 물어보죠. 터뷸런스가 중강도 이상일 때는 관제사에게도 이야기해 줘요. 몇 피트 상공의 어느 지역에 어느 강도의 터뷸런스 현상이 있다고 하면 관제사는 다른 비행기도 대비할 수 있도록 그 정보를 알려주죠.

항공관제용어는 무엇인가요

편 조종사가 관제사나 다른 조종사들과 소통할 때 사용하는 용어는 일상의 용어와는 다른 것 같아요. 어떻게 다른지 설명해주세요.

김 처음 비행을 시작할 때 어려운 일 중 하나가 항공관제용어ATC: Air Traffic Control를 익히는 일입니다. 사실 항공관제용어를 포함한 항공용어는 한 권의 책으로 만들어도 부족해요. 항공용어는 국제민간항공기구에서 정하고 있는 표준영어를 따라요. 또 미국령 공항에 가면 FAA 표준통화용어를 사용하고요. 영어를 모국어로 쓰지 않는 나라 조종사들을 위해 가능한 한 쉽고 명확하게 되어 있죠. 혹시 조종사들이 관제사나 다른 조종사와 통신하는 것을 본 적이 있다면 일반적인 대화와 다르다는 걸 아실 거예요. 항공 관련 종사자들끼리 소통할 때는 존칭, 존댓말, 명확하지 않은 표현, 개성있는 표현은 사용할 수 없어요. 전 세계가 사용하는 공통 용어이기 때문에 다른 의미로 해석되지 않게, 틀리지 않고 정확하게 전달하는 게 중요해요. 그래서 교신에서 중요한 위치를 차지하는 알파벳과 숫자 등을 읽는 방법이 정해져 있죠.

항공교통 관제 용어(Phonetic Alphabet)

A	Alpha 알파	**B**	Bravo 브라보	**C**	Charlie 챨리	**D**	Delta 델타
E	Echo 에코	**F**	Foxtrot 폭스트롯	**G**	Golf 골프	**H**	Hotel 호텔
I	India 인디아	**J**	Julliet 쥴리엣	**K**	Kilo 킬로	**L**	Lima 리마
M	Mike 마이크	**N**	November 노벰버	**O**	Oscar 오스카	**P**	Papa 파파
Q	Quebec 퀘벡	**R**	Romeo 로미오	**S**	Sierra 시에라	**T**	Tango 탱고
U	Uniform 유니폼	**V**	Victor 빅터	**W**	Whisky 위스키	**X**	Xray 엑스레이
Y	Yankee 양키	**Z**	Zulu 쥴루				

항공교통 관제 용어(Phonetic Alphabet)

1	Won 원	2	Too 투	3	Tree 트리	4	Fore 포어
5	Five 파이브	6	Six 식스	7	Seven 세븐	8	Eit 에잇
9	Niner 나이너	0	Zero 지로				

항공교통 관제 용어(Altitude)

100	Won Hundred	3,500	Tree Thousand Five Hundred
26,000	Too Six Thousand	FL 380	Flight Level Tree Eit Zero

비행로는 국제 정세에 따라 달라질 수 있나요

편 국제 정세에 따라 비행 항로가 달라질 수 있다는 이야기를 들었어요. 사실인가요?

김 네, 국제 정세는 항로 결정에 중요한 변수로 작용해요. 현재 러시아와 우크라이나가 전쟁 중이잖아요. 그러면 전쟁 지역은 못 들어가서 주변으로 우회해야 해요. 바람이 좋은 날은 러시아의 모스크우까지 올라갔다가 유럽으로 내려오는 항로가 좋은데, 지금은 그렇게 못 가요. 또 이스라엘이 있는 중동지역은 분쟁이 많고 전쟁도 일어나요. 그러면 하늘길이 달라져요. 예전에 남북 관계가 좋았을 때 일시적으로 북한의 하늘길이 열린 적이 있었어요. 인천에서 러시아의 블라디보스톡 왕복 시, 미주 지역에서 대한민국으로 올 때 북한의 영공을 통과하면 거리와 시간이 줄고 연료를 아낄 수 있어서 좋았죠. 그런데 다시 북한이 경제 제제를 받게 되면서 예전처럼 북한의 영공을 피해 돌아가야 하죠. 또 우리나라가 대만과 국교를 단절했을 때는 대만에는 못 가고 중국만 다닐 수 있었어요. 이렇게 국제 정세는 항공기 노선과 매우 긴밀하게 연결되어 있어요.

해외에 체류하는 시간은 어떻게 보내나요

편 장거리 비행을 하면 조종사의 휴식을 위해 해외에 체류하는 시간이 많은데요. 이때는 어떻게 시간을 보내세요?

김 해외에 체류할 때는 호텔에 1인 1실을 사용하고 자유롭게 지내요. 저는 취항지에 따라 시간을 보내는 방법이 좀 달라요. 처음 가보는 취항지는 가기 전에 여행계획을 세워요. 주변에 볼거리가 뭐가 있나 찾아보고 가까운 미술관, 박물관도 들러보고요. 이집트에 처음 갔을 때 굉장히 충격을 받았던 생각이 나네요. 우리나라가 단군신화의 시대일 때 이집트는 이미 파피루스에 기록을 남기고 거대한 신전을 세우는 등 문명이 엄청 발전했었더라고요. 그런데 안타까운 것도 있었어요. 이렇게 대단한 유물들이 프랑스나 영국에 많이 흩어져 있어요. 오히려 이집트보다 더 이집트를 느낄 수 있는 수많은 유물이 유럽 여러 나라의 박물관에 전시되어 있죠.

북유럽 쪽에 가면 풍경이 좋아서 자연을 즐기며 시간을 보내는 편이에요. 미국은 딱히 갈 곳이 별로 없어서 호텔에서 운동하고 주변 산책하고 그동안 못 읽은 책도 좀 읽어요. 제가 대학원에 다닐 때는 밀린 공부를 하는 데 시간을 많이 보냈죠. 그리고 요즘은 넷플릭스 같은 OTT 서비스가 매우 좋아서 드

✈ 미국 워싱턴 국회의사당

하늘을 나는 지구 여행자
파일럿

✈ 러시아 모스코우
붉은 광장

✈ 헝가리 부다페스트 리버티 다리

✈ 스페인 헤타페에서 이강인 선수의 경기를 보기 전

라마나 영화 시청하면서 휴식하기도 해요. 호텔의 휘트니스에서 운동하면서 컨디션 조절도 하고요.

✈ 오스트리아 비엔나 쉔부른 궁전

✈ 태국 치앙마이

✈ 미국 시애틀 레이니어 마운틴

하늘을 나는 지구 여행자
파일럿

✈ 체코 프라하카를교

여성 파일럿은 얼마나 되나요

(편) 여성 파일럿은 얼마나 되나요?

(김) 세계 항공사 전체의 조종사 중 여성 조종사의 비율은 5퍼센트 정도예요. 여성 조종사가 가장 많은 곳은 미국 유나이티드 항공으로 7.4퍼센트였어요. 최근 국내에서 항공기 조종사 자격증을 취득한 여성의 비율이 약 4퍼센트 정도더라고요. 국내 항공사 중에 50여 명의 여성 조종사가 근무하는 한 곳을 제외하고 대부분의 항공사에는 5명 미만이 근무하고 있어요. 조종사를 채용하거나 항공사에서 근무할 때 여성이라고 불리한 건 하나도 없어요. 아직 배출된 여성 조종사가 적을 뿐이죠.

이 직업의 매력은 무엇이라고 생각하세요

편 이 직업의 매력은 무엇이라고 생각하세요?

김 다른 직업과 달리 하늘이라는 전혀 다른 환경에서 근무할 수 있다는 겁니다. 비행 중 지상에서 볼 수 없는 세계의 자연 경관을 감상하는 게 큰 기쁨이거든요. 또 일반 직장인들은 같은 공간에서 같은 사람들과 매일 비슷한 업무를 하지만 조종사는 매번 다른 조종사와 객실승무원을 만나 매번 다른 목적지로 향하죠. 같은 구간을 운항하더라도 비행의 환경이 달라서 매 비행이 새로워요. 그리고 조종사의 직급은 기장과 부기장으로 나뉘지만 직급에 따른 위계질서는 없어요. 모두가 평등하죠. 그렇기 때문에 일반 직장인들이 가지고 있는 진급에 대한 스트레스가 없다는 것도 큰 매력이죠. 물론 여러 훈련과 심사도 있지만 절대평가에 의한 일정 점수만 획득하면 통과하니까 큰 부담이 되는 건 아니에요.

조종석에 앉아 여행에 대한 기대감과 설레임을 갖고 탑승하는 승객의 즐거운 모습을 보고 있으면 행복감이 밀려오죠. 그래서 비행을 위해 출근할 때 항상 설레요. 또 세계 각국에 체류하기 때문에 국제정세를 판단하는 것도 용이하고, 다른 문화에 대한 이해를 넓힐 수 있는 기회도 충분해요. 개인적인 시간이 많아서 마음만 먹는다면 자기 계발하기에도 좋죠. 자녀가 있는 경우는 넓은 세계를 보여주면서 시야를 넓게 가질 수 있도록 도와줄 수도 있고요.

✈ 조종실에서 본 바깥 풍경

보람을 느끼는 순간은 언제인가요

편 이 일을 하면서 보람을 느끼는 순간은 언제인가요?

김 비행기에 탑승하는 승객들을 보면 대부분 즐거운 모습이에요. 여러 가지 목적으로 비행기를 타시겠지만 밝지 않은 모습으로 타는 분들은 거의 없어요. 조종석에서 그 모습을 보고 있으면 참 기분도 좋고 행복해요. 목적지에 안전하게 도착해서 기대감으로 설레며 하기하는 승객들을 보면 오늘도 저분들에게 또 하나의 행복을 선물했구나 하는 보람도 느끼고요. 얼마 전에 사립학교 초등학생들이 탑승한 적이 있어요. 운항이 끝나고 초등학생이랑 선생님이 안전한 여행을 하게 해 줘서 감사하다는 내용의 편지를 보냈더라고요. 이런 일이 흔치 않은데 학생 편지, 선생님 편지를 받으니까 기분이 좋아서 사진으로 찍어서 간직해 놨어요. 또 한 번은 어렵게 공항에 착륙했을 때 승객들의 박수를 받은 적이 있어요. 제주공항이었는데요, 거기는 세계적으로 이·착륙이 어려운 공항 중 하나로 꼽혀요. 바람이 셀 때는 주기장에 항공기를 세워놨는데도 막 흔들흔들해요. 그런 악기상을 뚫고 착륙했더니 객실에서 승객들이 박수를 쳐 주시더라고요. 제주도에 자주 다니는 분들은 그런 날씨에 착륙하는 게 얼마나 어려운지 아니까 저희가 고생한 걸 알아주시는 거죠. 저희는 당연히 해야 할 일을 한 거지만 승객들이 고마운 마음을 전해줄 때 또 보람을 느끼죠.

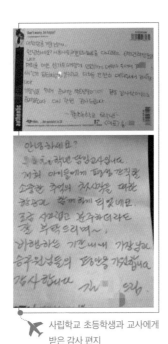

사립학교 초등학생과 교사에게
받은 감사 편지

이 일의 어려움이 있다면 무엇일까요

편 직업에 따라 어려움이 있던데, 이 일의 어려움 무엇일까요?

김 제일 어려운 건 시차인 것 같아요. 시차를 극복하는 약은 없어요. 온전히 스스로 이겨내야 해요. 적응하는 방법은 사람마다 달라요. 현지 시간에 따라 움직이는 사람이 있고 한국 시간으로 생체리듬을 맞추는 사람이 있어요. 그리고 호텔에 머무는 시간이 많아서 오는 어려움도 있어요. 겨울에 유럽에 가면 히터를 트는데 실내가 굉장히 건조해요. 그것 때문에 힘든 점도 있어요. 또 앞에서 제가 조종사는 외로운 직업이라고 얘기했는데요. 조종석에 앉아서 비행 업무를 하는데 기상이 안 좋아서 위험한 상태를 만났을 때 결정해야 하는 어려움도 있어요. 이때 스트레스를 많이 받아요. 수백 명의 생명을 책임지는 일인데 여러 사람과 의논할 수 없고 오로지 부기장과 상의 후 운항관리사와 협의하여 헤쳐나가야 하니까요. 이런 업무상 외로움도 있는데, 체류하는 곳에서도 마찬가지로 외로울 때가 있어요. 혼자 운동하고 밥 먹는 등 혼자서 보내는 시간이 많아서 그렇죠. 그리고 가족들에게 미안한 마음도 많이 있어요. 한 세 달 전에 경조사가 정해지면 스케줄을 조정해서 참석하는데

갑자기 어떤 일이 생기면 참석할 수가 없어요. 부친께서 작고 하셨을 때, 장인이 돌아가셨을 때 저는 다 비행 나가 있었어요. 그래서 부친 때에는 장례 초기 절차들을 전부 아내가 해주었 죠. 항상 미안한 마음이 들어요.

이 직업 때문에 생긴 습관이나 직업병이 있다면

편 이 직업을 수행하다 생긴 독특한 습관이나 직업병이 있다면 무엇일까요?

김 절차대로 일하는 게 익숙하다 보니 반복적인 일을 할 때는 분 단위로 순서를 정해서 해요. 아침에 일어나면 먼저 기상 정보를 확인한 다음 비행하는 항공기의 암기 사항을 매일 반복하여 복기하고, 저 자신에게 이·착륙 브리핑을 한 후에 하루 일과를 시작해요. 그날 무슨 일을 하든지 체크리스트를 만들죠. 일의 순서를 정해놓고 단계별로 착착해야 마음이 편하거든요. 여행을 가도 계획을 꼼꼼히 짜요. 그래서 아내와 다툴 때도 있어요. 저는 아침 6시에 일어나서 계획대로 움직여야 하는데, 아내는 휴가니까 느긋하게 시간을 보내고 싶다고 해서 약간의 다툼이 있죠. 이런 습관은 일상생활을 할 때도 마찬가지예요. 저는 창문과 현관에 집을 나서기 전에 전등은 껐는지, 가스 밸브는 잠궜는지 등등 점검해야 할 것들을 써서 붙여놨어요. 자동차에도 점검 사항을 붙여 놓고 살피죠. 그리고 서재에 책이 순서대로 나란히 꽂혀 있어서 누가 만졌는지 금방 알아채요. 조종석에 앉으면 스위치를 순서대로 켜서 제대로 작동하는지 확인하는 게 먼저예요. 만약 빨간 불이 들어오면 문제가 있는 거니까 빨리 알아채고 다음 단계로 넘어가야 하니까 이런 습관이 몸에 밴 거죠.

그리고 약속에 대한 예민함이 좀 있어요. 누구와 만나기로 해서도 약속 시간 5분 전이나 10분 전에 가서 기다려요. 그래야 마음이 편해요. 승객과의 약속인 비행시간을 맞추는 게 중요하다 보니 일상에서도 그런 습관이 생겼네요.

스트레스 해소는 어떻게 하나요

편 스트레스 해소는 어떻게 하나요?

김 스트레스를 많이 받는 성격은 아니라서 딱히 해소하는 방법은 따로 없는 것 같아요. 저는 규칙적인 생활을 중요하게 생각해서 정해진 시간에 잠을 자려고 노력해요. 한국에 있으면 밤 10시에는 무조건 불을 끄고 잠을 자는데요. 밖에서 친구들과 만나더라도 9시가 되면 일어나서 집에 가요. 그렇게 하지 않으면 생활의 리듬이 깨지거든요. 해외에 체류할 때 저는 한국시간에 맞춰서 생활해요. 현지는 낮인데 한국은 밤이라면 그 시간에 잠을 자는 거죠. 현지 시간에 맞게 활동하는 조종사들도 있는데 저는 한국시간으로 생활하는 게 더 좋아요. 어차피 국제선 비행을 하면 밤을 새우게 돼요. 비행시간에는 그에 맞춰 일을 하는 거고 나머지 시간은 제 리듬에 맞추는 거죠. 그리고 운동하고 음악 들으며 편안한 시간을 갖는 걸 좋아해요. 시간이 맞는 조종사들과 만나서 이야기하는 것도 좋아요. 같은 일을 하는 사람들이라 얘기도 잘 통해서 서로 이야기하면서 스트레스도 풀고 삶의 에너지도 얻죠.

간혹 시뮬레이터 평가나 신체검사 때문에 스트레스를 심하게 받는 조종사들은 좀 있어요. 그런데 6개월에 한 번씩 받는 심사 때문에 계속 긴장하면 좀 힘들어요. 저는 그런 조종사들에게 걱정하는 걸로 합격이라고 말해줘요. 걱정하면 준비하게되어 있으니까 실수 안 하고 통과할 거라고요. 오히려 걱정하지 않는 사람이 문제인 거죠. 저도 신체검사는 좀 긴장해요. 검사 한 달 전부터 술과 고기는 입에 대지 않고 관리하죠. 그런데 이게 스트레스는 아니죠. 당연히 해야 할 일이라고 생각해요.

✈ 취미생활 중 하나인 자전거 타기

파일럿은 미래에도 필요한 직업일까요

편 파일럿은 미래에도 필요한 직업일까요?

김 2022년 보잉사는 전망보고서에서 앞으로 20년 동안 210만 명의 항공산업 관련 인원이 전 세계적으로 필요할 것으로 전망했어요. 그중 조종사는 약 60여만 명으로 추정했죠. 이 수치는 2021년 대비 3.4퍼센트 오른 건데요. 아프리카와 동남아시아, 남아시아 등의 지역에서 항공 수요가 빠르게 증가할 것으로 예측했기 때문이에요. 현재 이 지역에서 항공산업이 빠르게 발전하고 있는 것도 사실이고요.

미래에는 실제 항공기에 탑승해서 근무하는 조종사도 필요하지만 추가적으로 발전하고 있는 UAV^{Unmanned Aerial Vehicle}, 즉 무인항공기를 조종하는 조종사도 필요해요. 드론도 마찬가지고요. 따라서 조종사의 수요는 앞으로도 꾸준할 것으로 보여집니다.

외국 항공사로 진출할 수도 있나요

편 외국 항공사로 진출할 수도 있나요?

김 외국 항공사로 이직하는 건 그렇게 어렵지 않아요. 이직할 나라의 영주권이나 시민권이 있는 조종사는 꽤 수월하게 이직할 수 있어요. 그렇지 않더라도 외국 항공사 채용공고를 보고 지원해서 입사할 수 있죠. 외국 항공사에 입사할 경우는 우리와 마찬가지로 입사 교육을 받고 근무하는 것으로 알고 있어요. 다른 직업에 비해 전문성이 국제적으로 통용되는 직업이라 좋은 대우를 받고 국내외 타 항공사로 이직이 용이한 편이죠. 한국인은 열심히 일하고 잘한다는 인식이 있어서 중동 국가들에서는 돈을 많이 주고 스카웃하기도 해요.

항공사마다 급여 및 처우 조건이 다르고 국가별 세금과 물가도 다르기 때문에 해외로 가는 목적과 삶에 대해 만족하는가가 중요한 것이겠죠. 예전에 중국의 항공산업이 빠르게 성장하면서 조종사의 수요가 급증하자 한국인 조종사들이 중국 항공사로 이직을 많이 했던 적이 있어요. 그런데 코로나19 때 중국 내 항공 수요가 급격히 줄어들자 이직한 조종사들이 다시 한국으로 많이 들어왔죠. 외국인은 대부분 계약직이다 보니 상황이 좋지 않을 때 제일 먼저 계약 해지 대상이 되는 것 같아요. 우리나라 항공사에 근무하는 내국인 조종사는 전부 정규직으로 알고 있어요. 그래서 코로나 사태 초기에 항공 수요가 급감했을 때도 수입이 줄어들기는 했어도 회사를 그만두는 일은 없었죠. 우리나라 항공사들도 필요할 때는 외국인 조종사를 채용해요. 그런데 상황에 따라 유동적으로 채용을 하기 때문에 안정적이지 않은 것 같아요.

이 직업이 잘 드러난 책이나 영화, 드라마가 있나요

편 이 직업이 잘 드러난 책이나 영화, 드라마가 있나요?

김 청소년들에게 추천하고 싶은 책이 있어요. 현직 기장이 쓴 책으로 조종석에서 일어나는 이야기를 다룬 『어쩌다 파일럿』과 조종사의 업무와 삶, 민항기 기장으로서의 생활과 고민을 이야기 한 『언제나 파일럿』이에요. 그리고 항공 사고를 통해 발전하는 역사를 흥미진진하게 써 내려간 『플레인 센스』도 추천해요.

파일럿이 주인공이거나 항공사가 배경인 영화와 드라마는 상당히 많아요. 그 중에서 몇 개만 소개할게요. 〈GOOD LUCK!!〉(2003년)이라는 일본 드라마는 ANA항공을 무대로 부기장 신카이 하지메가 파일럿으로 성장해가는 내용이에요. 열혈 청년이 주인공이라 다소 과장된 부분이 있지만 공항, 항공기, 항공사라는 특수한 환경을 잘 고증한 편이에요. 일본 영화 〈해피 플라이트〉(2008년)는 비행 중 기체 결함으로 회항하게 되었는데 엎친 데 덮친 격으로 기상악화를 만나 우여곡절 끝에 착륙하는 내용인데 심각한 소재를 유쾌한 코미디로 다루었죠. 또 항공사에서 일하는 사람들이 어떻게 연관되었는지도 잘 보여주고 있어요. 일본 영화 〈미스 파일럿〉(2013년)은 조종

사가 되고 싶은 여성이 조종교육을 받으며 겪는 좌충우돌 성
장기예요. 어떤 교육을 거쳐 조종사가 되는지 알 수 있어서 파
일럿에 관심있는 청소년이 보면 좋을 것 같아요. 군 조종사에
꿈이 있다면 톰 행크스 주연의 〈탑건〉도 추천해요.

또 너무 유명한 영화가 있죠. 〈설리: 허드슨강의 기적〉(2016
년)은 실제로 2009년 155명의 탑승객을 태운 US 에어웨이즈
1549편 여객기가 이륙하던 중 새들과 충돌하여 양쪽 엔진을
모두 잃는 절체절명의 순간 208초의 시간 동안 위험을 무릅쓰
고 850m 상공에서 허드슨강으로 수상 착륙을 시도하는 내용
이에요. 한국 드라마로는 최초로 항공분야를 다룬 드라마 〈파
일럿〉(1993년)이 있어요. 한국항공대학교 항공운항학과 학생들
의 성장 과정을 표현했죠. 또 조종사/정비사/관제사/객실승무
원의 직업 특성도 잘 살린 〈부탁해요 캡틴〉(2012년)도 있고요.

다른 분야로도 진출할 수 있나요

🔵편 다른 분야로도 진출할 수 있나요?

🔵김 항공기 조종사가 이 분야가 아닌 다른 분야로 진출하는 건 거의 본 적이 없어요. 사실 다른 직업에 비해서 연봉이나 처우가 매우 만족스럽기 때문에 이 일을 그만두고 일부러 다른 일을 찾는 경우는 없는 것 같아요. 조종사라면 항공사의 기장이 되는 걸 꿈꾸고, 기장이 된 후에는 일을 유지하기 위해 노력하고요. 정년퇴임을 하면 이제 동종 계열의 다른 분야로 진출하는 경우가 많죠. 현재 기장은 60세가 정년인데 65세까지 계약직으로 비행이 가능하고, 대학의 운항 관련학과의 교수로 가기도 해요. 또 훈련 담당 부서에서 지상학술 전문교관으로 일하거나, 운항관리사, 조종사를 지원하는 부서 행정근무를 할 수 있어요. 국토교통부 및 교통안전공단에서 안전감독관 및 심사관으로 근무할 수도 있죠.

항공기를 새로 도입할 때 어떤 절차를 거치나요

편 항공사에서 새로운 항공기를 도입할 때 어떤 절차를 거치나요?

김 회사에서 새로운 항공기를 들여올 때 항공사 조종사가 제작사에 가서 인수 검사를 해요. 보잉사의 항공기 한 대를 들여온다면 조종사 중 한 명이 보잉사에 가서 테스트 플라이트를 해서 인수 검사를 끝내고 새 비행기를 가져오는 거죠. 이 일을 담당하는 사람을 신기재 도입요원이라고 하는데 저는 B737 신기재 도입요원으로 많이 선발됐어요. B737 변형 기종을 들여올 때 여러 번 시험비행을 했고, B777 기장일 때는 B787 신기종을 새로 들여올 도입요원으로 선발되었어요. B787 기종처럼 신기종을 들여올 때는 먼저 제작사에서 교육을 받아야 해요. 새로운 기종이니까 새 자격이 필요하잖아요. 12분의 다른 기장님들과 같이 제작사에 가서 처음 787 기종 교육을 받고 자격을 취득했죠. 그리고 후배들 교육을 시켜야 하니까 교육자료를 만들어서 교관조종사로 전환조종사 양성 교육을 했어요. 다른 사람들은 힘들겠다고 했지만 사실 저는 굉장히 뿌듯했어요. 밤 늦게까지 교안을 만들고 또 후배들 교육하는 일에서 보람을 많이 느꼈죠. 제가 고생해서 100여 명의 조종사가

싱가폴 보잉사 훈련센터에서 신기종
교육을 받으며

쉽게 교육을 받고 자격을 취득할 수 있는 일인데 힘들다는 생

각은 안 했어요.

나도 파일럿

항공관제용어에 따라 알파벳과 숫자를 읽는 연습을 하고, 고도와 무게
의 단위는 무엇인지 써보세요.

🖉 --

항공관제용어는 국제적으로 통용되는 표준으로 정해져 있기 때문에 알파
벳과 숫자를 다르게 읽을 수 없어요. 그런데 단위는 하나로 통일되지 않았어
요. 보통 항공기에서 사용하는 단위인 고도는 피트, 무게는 파운드를 사용해
요. 중국은 킬로미터와 킬로그램을 단위로 사용하죠. 국제 표준이 킬로미터
와 킬로그램이니까 중국이 맞아요. 그래도 대부분의 국가에서 항공기에는 피
트와 파운드를 사용하니까 그걸 따라주면 좋을 텐데 그러지 않더라고요. 그
래서 중국의 관제사와 통신할 때는 단위가 틀리지 않도록 신경 써야 해요.

비행기가 출발지 공항에서 어떤 상황일 때 이륙을 중단하는지, 또 어느 순간까지 이륙을 중단할 수 있는지 생각해보세요.

✎ --

항공기가 이륙을 위해 정해진 활주로에 정대하고 조종사가 이륙 동력을 맞추며 브레이크에서 발을 떼는 순간 항공기는 이륙을 위해 활주를 시작합니다. 활주 중 조종사는 각종 계기와 시스템의 이상 여부를 판단하여 항공기 이륙을 중단할 경우가 생기는데, 엔진의 고장 또는 화재, 시스템 고장, 타이어 고장, 각종 소음 및 진동, 급변풍, 엔진의 비정상적인 가속 등의 이유가 있습니다. 하지만 이러한 이상 현상에 대하여 이륙 활주 중 이륙 중단이 전부 가능한 것은 아니고 비행 준비 시 계산된 항공기를 활주로에 안전하게 세울 수 있는 속도인 이륙단념속도 이전에만 가능합니다. 이륙단념속도 이후에는 계속해서 이륙해야 합니다.

비행을 하는 도중에 회항을 하는 일이 발생해요. 회항을 결정하는 요인은 무엇일까요?

✎ ------------------------------------

항공기가 계속해서 목적지까지 비행을 하는데 안전하지 못한 상황이 발생하거나 급한 치료를 필요로 하는 환자가 발생할 경우가 대표적인 예입니다. 항공기 이상이 발생하면 조종사는 항공기에 탑재되어 있는 Quick Reference Handbook이라는 교범을 이용하여 조치를 취하며 이 교범에 따라 가까운 공항에 착륙하여야 한다고 명시되어 있으면 모든 조치를 완료 후 회항을 결심합니다. 또한 긴급 환자 발생 시에도 기내에 탑승하신 승객 중 의료진을 수배하고 항공사에서 24시간 대기 중인 의사와 상의하여 회항 여부를 결정합니다.

기내에 난동 승객이 발생하는 경우가 있어요. 이럴 때 운항 승무원과 객실승무원은 어떻게 대처할까요?

_____

_____

_____

　기내 난동 승객이 발생하였다고 객실승무원으로부터 보고를 받으면 기장은 상황에 따라 청정구역 발동을 선포할 수 있어요. 청정구역은 조종실문과 조종실문 바로 앞에 있는 Galley 및 화장실을 포함한 객실지역 사이의 공간을 말합니다. 청정구역 발동이 선포되면 객실승무원들은 모든 승객을 착석시키고 인가된 무장 보안요원 등을 제외한 모든 자에 대하여 청정구역 접근을 불허하며 조종실 문 앞 통로를 Galley Cart로 봉쇄 후 승객 협조 요청을 하게 됩니다. 기내 난동 승객을 대응하기 위해 조종사가 조종실 밖으로 나가는 행위는 금지되어 있어서 객실승무원과 상황을 수시로 공유하고 위성전화를 이용하여 회사와 대응방안에 대해 논의를 합니다. 기내 난동 승객 대처에 관한 행동지침은 객실승무원 교범에 단계별로 자세하게 수록되어 있기에 교범에 따라 조치를 취합니다.

비행기가 도착지 공항에 가까워지는데 연료가 많이 남았다면, 반대로 여러 이유로 착륙 전에 연료가 떨어졌다면 어떻게 해야 할까요?

🖉 ---------------------------------------

목적지 공항에 도착하여 연료가 남았다면 항공기마다 교범에 명시된 최대 착륙 중량을 초과하지 않았다면 연료 탑재 상태로 착륙해요. 만약 최대 착륙 중량이 초과될 것으로 예상이 된다면 항로에서 연료 소모 방법을 찾거나 관제기관과 협조하여 연료를 항공기 밖으로 배출하여야 합니다. 만약 착륙하고자 하는 공항에 도착 시 법적으로 요구되는 잔여 연료량 이하가 예상이 된다면 관제기관과 협조하여 직선항로를 요구하거나 연료 소비가 적은 고도로의 비행을 고려해야죠. 그럼에도 불구하고 가장 가까운 공항으로 착륙 시 법정 연료량 이하가 예상된다면 비상사태임을 선포하고 최단거리 비행으로 관제 우선권을 부여받아 착륙하여야 합니다.

비상상황일 때 조종사들은 어떻게 탈출하나요?

✎ -

- -

- -

보통은 객실로 나가서 승객들과 마찬가지로 탈출해요. 그런데 객실로 나
갈 수 없는 상황일 때는 조종석에 있는 로프를 꺼내 창문을 열고 밖으로 나
가는 비행기가 있고, 조종실 천정에 있는 해치를 통해 나갈 수 있는 비행기가
있어요. 객실의 창문은 열리지 않게 되어있는데, 조종실은 조종사의 비상탈
출을 위해 열 수 있게 되어있어요. 가장 중요한 것은 조종사는 객실승무원과
모든 승객이 안전하게 탈출하였다는 것을 확실하게 인지 후 마지막으로 탈출
한다는 거예요.

파일럿 김진국
스토리

편 어린 시절엔 어떤 아이였나요?

김 저는 충남 천안에서 자랐어요. 부모님은 교육자셨고 저는 평범한 아이였죠. 노는 걸 좋아하고 아웃도어 스포츠를 좋아했어요. 그중에서 축구를 가장 좋아해서 아이들하고 매일 공 차고 놀았죠. 고등학교 1, 2학년 때는 RCY에 들어 활동을 열심히 했어요. RCY는 청소년적십자인데, 주변의 어려운 이웃을 돕고 봉사활동을 하는 단체예요. 지금도 있죠. 거기서 협동심도 기르고 응급처치도 배워서 경연대회도 나갔어요.

편 파일럿에는 언제부터 관심이 있었나요?

김 어린 시절 천안 부근에 조치원 항공학교가 있었어요. 육군 비행기도 자주 볼 수 있었죠. 또 육군 비행장이 꽉 차면 학교 운동장에 헬리콥터들이 정차하고는 했죠. 지금은 그렇게 하면 안 되지만 당시에는 그런 경우가 많았어요. 헬리콥터가 운동장에 있으면 가까이 가서 구경도 하고 그랬어요. 제가 중학교 다닐 때 서울대 항공공학과에 다니던 사촌 형이 영국 유학을 다녀오면서 저에게 스티로폼으로 된 글라이더 모형을 하나 선물해줬어요. 사촌 형은 헬리콥터 부조종사 자격증을 땄는데, 조종사로 일한 건 아니고 항공공학 박사였어요. 형이 선물한 글라이더 모형을 보고 어떻게 하면 이게 잘 날 수 있을까

고민했죠. 그때 형이 비행기는 어떤 원리로 날고 헬리콥터는 어떻게 다르고, 이런 얘기를 참 많이 해줬어요. 당시에는 비행기 볼 일도 별로 없어서 모형 글라이더도 굉장히 신기했죠. 그리고 영어로 된 비행이론 책도 한 권 선물해줬는데 영어로 쓰여있어서 다 읽지는 못했어요. 형이 책을 주면서 사전 찾아가면서 한 번 읽어보라고 그러더라고요. 어렵긴 했지만 읽으려고 노력을 했던 기억이 있어요.

편 조종사가 되기로 결심한 때는 언제인가요?

김 고등학생 때 대학을 어디로 갈까 결정할 시기에 저는 조종사가 되기로 마음먹고 한국항공대학 운항학과에 진학했어요. 당시에 국내에서 운항학과가 있는 대학은 항공대가 유일했죠. 대학에서 1, 2학년 보내고 3학년 때부터 공군 ROTC를 했어요. ROTC는 학군사관후보생으로 2년간 대학 전공 공부를 하면서 군사교육도 실시해 대학 졸업과 동시에 공군에 소위로 임관해 군 복무를 해요. ROTC가 되면 좋은 게 대학교 등록금과 생활비를 지원해 줘요. 당시에 저는 하숙도 했었는데 지원된 생활비로 책값이며 하숙비며 용돈까지 모두 감당할 수 있었죠. 그런데 부모님은 제가 조종사가 되는 것을 반대하셨어요. 당시에는 조종사라는 직업이 굉장히 위험하다고 판단하신

위 공군에 복무할 당시

아래 공군 고등비행 교육을 수료 후 받은 윙과 빨간 마후라 거죠. 그것도 군대에서 10년 넘게 있어야 한다니, 걱정을 많이 하셨어요.

편 대학 졸업 후 바로 공군에 입대하고 조종 훈련을 받으셨군요.

김 공군에 입대해서 조종 특기를 선택했어요. 거기서 프로펠러 단발 항공기를 맨 처음 탔고요, 제트 엔진과 쌍발기를 탔어요. 그리고 10년 동안 공군 조종사로 근무하고 전역해서 대한항공에 입사했죠.

편 공군에서 1,000시간 타임빌딩을 다 쌓았겠어요.

김 1,000시간이 뭐예요, 10년 동안 저는 거의 2,000시간을 쌓았죠. 그런데 지금 공군에서 10년을 복무하고 전역하는 사람들은 1,000시간 겨우 채우더라고요. 그때니까 가능했던 얘기죠.

편 공군에서 조종 교육을 받을 때 힘든 점은 없었나요?

김 힘들었죠. 항공운항학과를 졸업하고 군대에서 조종 교육을 받아도 지원자 중에 30~40퍼센트만 비행기를 탈 수 있었어요. 중간에 재분류되는 사람들이 생기니까 심리적으로 압박

감도 들었고요. 저는 그때 1등을 해서 우수한 성적으로 조종사가 되어야겠다는 마음보다는 중간을 유지하자는 생각으로 압박감을 이겨내려고 했어요. 40명이면 20등, 20명이면 10등만 해도 괜찮다고 생각했죠. 갈수록 중간도 어려워져서 포기하고 싶은 마음이 들기도 했어요. 그런데 부모님이 말리는데도 제가 우겨서 온 거잖아요. 또 가족들이나 주변 사람들이 다 제가 조종사가 될 거라고 생각할 텐데 포기하면 안 된다고 마음을 다독였죠.

편 제일 힘든 점은 무엇이었나요?

김 처음에 프로펠러 단발기를 탔을 때는 괜찮았어요. 다음으로 제트기 쌍발기를 탔는데 몸이 못 버티더라고요. 공중 전투 기동이라고 공중전을 대비해서 전투기로 실시하는 기동 전술과 훈련이었는데, 그 훈련을 하면 몸이 받는 중력이 몸무게의 4배 이상이에요. 제 몸무게의 4배 이상의 힘이 누르는 거죠. 훈련에 들어가기 전에 육지에서 내성 테스트를 하는데 그거 하다가 기절하는 사람도 있어요. 그리고 구토도 나오고요. 훈련이 너무 힘드니까 나랑 안 맞나 싶어서 포기하고 싶은 마음이 있었는데, 그것도 어느 순간 내성이 생기더라고요. 그때가 제일 힘들었고 다음 단계부터는 그렇게 힘들지 않았어요.

⏹ 편　첫 비행은 언제 하셨어요?

⏹ 김　대학교 3학년 때로 기억해요. 지금 항공대 비행 교육은 제주에서 하는데, 예전에는 비행훈련장이 고양시에 있었어요. 지금은 일산이 생기고 아파트가 즐비해서 소음 때문에 안 하지만, 당시만 해도 주변이 전부 논밭이었어요. 학교에서 보면 강 건너 행주산성이 딱 보였죠. 학생들의 첫 비행은 날씨 좋은 날 해요. 교수님한테 배운 대로 어떻게 하면 된다고 다 외우고 있었는데 비행기 앞에 서니까 다 잊어버리더라고요. 당황해서 어쩔 줄 몰라 하고 있는데 교수님이 하나하나 따뜻하게 가르쳐주셨죠. 시동을 켜고 프로펠러 돌아가는 소리를 들으니까 기분이 정말 좋았어요. 이륙해서 행주산성 쪽으로 갔다가 일산 상공을 비행하는데 '비행은 이런 거구나, 하늘이라는 게 이렇구나, 구름이 내 밑에도 있겠구나' 그런 생각도 들었죠. 조종석에서 아래를 바라보는데 전부 조그맣게 보이니까 참 신기하더라고요. 하늘에서 한강을 내려다보는 것도 신기했죠. 그때만 해도 민간인이 비행기 타고 다닐 일이 거의 없을 때니까 정말 신기했어요. 요즘이야 비행기 안 타도 드론 띄워서 위에서 아래를 보는 게 신기할 일은 아닌데, 그땐 그런 게 없잖아요.

편 혼자서 비행하는 날은 어떤 느낌이었나요?

김 조종사라면 누구라도 첫 솔로 비행을 선명히 기억할 거라 생각해요. 솔로 비행은 말 그대로 옆에 아무도 없이 혼자서 단독 비행을 하는 거예요. 저는 대학교 4학년 때 했어요. 여름방학 때 ROTC 훈련 갔다 와서 특별 비행 훈련을 했는데요. 첫 솔로 비행할 거라는 예고도 없이 교수님이 "오늘 너의 첫 솔로 비행이다" 하는 거예요. 마음의 준비도 없이 그렇게 첫 솔로 비행을 했어요. 나 혼자 하늘을 나는 거라 조종사에게는 평생 잊지 못할 의미 있는 순간이죠. 솔로 비행을 마치면 세리머니를 해요. 비행기에서 내리면 교수님이 물바가지를 가지고 있다가 세례 주듯이 뿌리고 셔츠 왼쪽 가슴 위에 윙을 달아줘요. 유튜브를 보니까 첫 솔로 비행을 마친 훈련생들이 이런 세리머니를 아직도 하고 있더라고요.

물세례를 맞고 윙을 가슴에 다는 순간 그동안의 힘듦이 다 사라지는 듯한 느낌이었어요. 교육받을 때는 칭찬은 듣지도 못하고 혼나고 야단맞기만 해서 '내 적성이 아닌가? 이 일을 직업으로 하면 평생 고민하고 후회하지는 않을까?' 하는 생각을 매일 했었어요. 그런데 교수님이 저 혼자 비행하고 오라고 말씀한 순간, '내가 지금을 위해서 이 고생을 했던 거구나' 싶고 진짜 많이 감격스러웠죠. 그래서 당시에 가르쳐주셨던 교

한국항공대학교에서 처음 훈련 받았던 FUJI 항공기와 첫 솔로 비행 후 받은 윙

수님들한테 굉장히 고마워요.

편 훈련생들은 첫 솔로 비행하는 날을 손꼽아 기다리겠어요.

김 그렇죠. 제 동기생이 40명이었는데 제가 23번째로 한 것 같아요. 그 정도면 중간인데요. 지금은 40시간 정도 교육을 받고 한다는데 그때는 보통 15시간에서 20시간 비행 교육을 한 다음에 첫 솔로 비행을 했어요. 동기생들이 하나둘씩 솔로 비행하는 걸 보면 좀 초조해지죠. 내 차례는 언제가 될까 기다려지고요. 제가 그 마음을 아니까 교관을 할 때 피교육자에게 하는 얘기가 있어요. "너의 평소 실력의 70퍼센트만 발휘해도

100점이다, 오늘 처음 타는데 100퍼센트를 요구하지도 않아. 완벽하게 하려고 하지 마"라고요. 그래도 피교육자는 스트레스를 받을 수 밖에 없죠.

✈ 공군에서 중등비행 훈련할 때

편 대학 졸업 후 공군에 입대해서는 어떤 교육을 받으셨어요?

김 제가 훈련 받았을 시기에 공군 조종 교육은 3단계로 이루어졌어요. 초등, 중등, 고등의 단계인데요. 초등은 프로펠러 단발기, 중등은 제트기 쌍발기, 고등은 제트기 단발이었어요. 아까도 얘기했듯이 제트기를 타면 속도 전환할 때 처음엔 몸이 견디지 못해서 힘들어요. 노력했는데도 내성이 생기지 않고 힘든 사람들은 이 단계에서 그만두죠. 아침에 비행 훈련 가려고 준비하는 동기들 틈에서 퇴소할 짐을 싸는 동기들을 보면서 많이 속상했어요. 어떻게 위로할 방법도 없고 위로할 말도 전할 수 없는 분위기니까 떠나는 동기들을 보면서 마음이 너무 아팠어요. 그 친구들은 조종 특기가 아닌 비조종 특기로 전환해서 군복무를 하는 거예요. 마음으로는 잘 위로해서 보내고 싶은데 군대 생활이라 그런 기회도 없었던 것이 너무 안타까워요.

(편) 조종사가 된 후 어려운 일은 무엇이었나요?

(김) 이·착륙할 때 기상 마지널marginal이란 게 있어요. 마지널은 '한계에 가까운, 경계의'라는 뜻이에요. 모든 공항은 가시거리가 몇 미터 이하나 구름이 몇 피트 아래로 깔려있으면 착륙할 수 없다는 규정이 있어요. 그런데 마지널에 걸린다는 건 딱경계에 있다는 거죠. 안 된다고 결정난 게 아니니까 착륙을 해야 하는데 이럴 때는 가슴을 졸이면서 착륙하는 거예요. 기류라도 좋으면 그나마 다행인데 제주공항처럼 변화가 심한 곳은긴장을 놓을 수가 없죠.

(편) 비행하면서 기억에 남는 순간이 있다면 말씀해주세요.

(김) 조지 부시 전 대통령을 승객으로 모신 적이 있어요. 미국대통령은 에어포스 원을 타니까 대통령으로 있을 때는 아니고요. 퇴임하고 우리 비행기를 탔을 때 만났죠. 부시 전 대통령이저랑 사진을 찍자고 해서 찍은 일이 있었죠.

오로라를 처음 본 날도 잊을 수가 없어요. 하늘이 춤을 추더라고요. 몇 번을 봤는데 볼 때마다 색깔이 달라요. 요즘엔 토론토에서 낮에 출발하기 때문에 오로라를 볼 일이 거의 없는데 예전에는 밤에 출발했어요. 북쪽으로 올라가면 오로라가 보여요. 조종실에서 보는 거죠. 그럴 때는 객실승무원들에게 들어와서 보라고 하기도 했어요. 9.11 테러 전에는 승객들도 조종실에 들어올 수 있었어요. 일반 승객이 조종실 구경하고 싶다고 하면 들어와서 구경할 수 있었는데, 지금은 법적으로 금지되었죠. 부모 자식도 못 들어와요. 또 밤하늘의 별이 그렇게 총총하게 박혀 있고 반짝거리죠. 정말 아름다워요. 우리가 강원도 청정지역에 가면 누워서 별을 보기도 하잖아요. 그거 보고

✈ 승객으로 탑승한 조지 부시 미국 전 대통령

도 감동하는데 비행기 조종실에서 보는 별은 그와 비교할 수 없을 정도로 특별해요. 그러면서 생각하죠. 지금 보이는 별이 없어진 별일 수도 있다고요. 별을 자주 보니까 별자리에 관심이 생겨서 공부도 했어요. 객실에서도 조금 보이는데 조종실에서 보는 것만큼 특별하고 감동적이지는 않죠. 이건 조종사들만 누리는 특권 같아요.

편 비행 중 위험했던 순간은 없었나요?

김 제가 조종하는 비행기가 번개를 맞은 순간이 있었어요. 이륙하고 막 바퀴를 올렸는데 '빵' 하는 소리가 나더라고요. 저는 세상에 태어나서 그렇게 큰 소리는 처음 들어봤어요. 옆을 보니까 부기장이 깜짝 놀랐더라고요. 근데 소리가 한 번이 아니었어요. 또 한 번 '빵' 하는 소리가 났죠. 그리곤 조종실이 순간적으로 붉은색으로 변하는 거예요. 순간 '불이구나' 했죠. 그리고 부기장에게 "우리 시뮬레이터 했잖아요. 시뮬레이터 대로 자세 유지!"라고 말하고 불이 났을 때의 자세를 취했어요. 그런데 불이 아니었어요. 엔진 계기가 정상이길래 속도에 따라 고양력장치를 올렸죠. 그랬더니 '프라이머리 컴퓨터 아웃' 이런 문구가 뜨고 조금 있다가 회복되었다는 문구가 떴어요. 또 다른 한 가지가 비정상 상황이라고 해서 체크리스트 대로 해서 없앴죠. 목적지 공항에 도착해 밖에 나가 비행기 본체를 보니까 검게 그을린 자국이 있고, 바늘로 찌른 자국 같은 것이 까맣게 있더라고요. 비행기가 번개를 맞으면 이렇게 되는구나 하고 처음 알았죠. 사실 비행기에는 피뢰침이 있어요. 번개가 쳐도 안전한 편인데 이런 경우도 있더군요. 처음 당하는 일이라 무척 놀랐지만 훈련한 대로 침착하게 대응해서 별 문제 없이 비행을 마칠 수 있었죠.

편 또 다른 위험한 상황도 있었나요?

김 휴스턴 공항 같은 강풍이 불고 안개가 자주 끼는 공항에서 조종사들은 긴장을 늦추지 못해요. 한 번은 휴스턴 공항이 저시정 상황이었어요. 앞에서도 얘기했듯이 기종에 따라 저시정에도 착륙이 가능한 비행기가 있어요. 그 비행기를 조종하는 파일럿이 저시정 자격을 갖추고 있으면 착륙할 수 있지만 자격이 없다면 불가능해요. 제일 짧은 저시정 거리는 75미터예요. 저는 자격이 있어서 그 거리에서 착륙한 적이 있어요. 75미터는 굉장히 짧은 거리예요. 사실 보이는 게 없다고 해도 과언이 아니죠. 그래도 착륙 가능한 조건이 되니까 하는데, 이때는 공항 시설과 비행기 장비를 신뢰하고 가는 거예요. 항공기의 기능이 된다고 하지만 조종사 입장에서는 눈에 안 보이니까 불안하죠. 그래도 불안감을 누르고 착륙했어요. 거기서 끝이 아니에요. 비행기를 주기장까지 가져가야 하잖아요. 앞에 뭐가 있는지 잘 보이지는 않아도 관제사의 지시와 유도등을 따라 차분하게 주기장까지 갔죠. 머리카락이 곤두서는 느낌이더라고요.

편 이 일을 그만두고 싶다고 생각한 적은 없나요?

김 정식 조종사가 된 후로 그만두고 싶은 적은 한 번도 없었어요. 비행하는 날 저는 기분이 좋아요. 출근이 즐겁고요. 진짜 모든 조종사가 다 그럴 거예요. 내일 비행하는 날이라면 전날부터 설레요. 우리끼리 하는 말로 비행은 끊을 수가 없다고 해요. 보수가 없더라도 비행하라면 할 거라고요. 그만큼 즐겁고 행복한 일이에요. 조종사가 이 일을 그만두고 다른 일을 하는 경우는 거의 없어요. 가업을 이어야 한다거나 특별한 일이 있어서 그만두는 경우는 봤어도 이 일이 힘들어서 싫어서 그만둔 경우는 제 주위에는 없었어요. 그만큼 만족스럽고 보람 있는 일이니까요.

편 자식들에게도 권하는 일인가요?

김 그럼요. 조종사들은 대부분 자식들이 이 일을 하기를 바라요. 실제로 제 담당 교관이었던 기장님 아들도 조종사가 됐어요. 저희 회사에도 부자지간인 조종사들이 꽤 있어요. 부녀 조종사도 있고요. 그래서 함부로 선배들 흉도 못 봐요. 알고 봤더니 어느 기장의 아들이네, 그렇거든요. 어느 부모가 자신이 힘든 일을 자식에게 시키겠어요. 그만큼 좋은 직업이고 만족도가 높으니까 자식이 원하면 아낌없이 지원하는 거죠.

편 왜 그럴까요?

김 이 직업은 워라벨이 좋아요. 한 달 스케줄 상으로 10일 정도 휴일이 있어요. 물론 경조사에 참석하지 못하는 일도 많지만, 또 일 때문에 그런 거니까 주변에서 다 이해해줘요. 이런 점도 좋죠.

편 인터뷰를 하면서 김진국 기장님이 이 직업에 대해 가지고 있는 자부심을 느낄 수 있었어요. 보람 있고 의미 있는 직업이기에 자녀들뿐만 아니라 청소년들에게 이 직업을 권하고 싶은 마음도 충분히 전달된 것 같아요. 지금까지 안전한 운항을 위해 반복적인 훈련을 하며 긴장의 끈을 놓지 않는 파일럿의 세계를 알아보았습니다. 청소년 여러분의 진로에 도움이 되기를 바라며 『하늘을 나는 지구 여행자 파일럿』 편을 마치겠습니다.

청소년들의 진로와 직업 탐색을 위한
잡프러포즈 시리즈 06

2024년 5월 10일 초판1쇄

지은이 | 김진국
펴낸이 | 유윤선
펴낸곳 | 토크쇼
편집인 | 박성은

디자인 | 문지현

마케팅 | 김민영

출판등록 | 2016년 7월 21일 제 2019-000113호
주소 | 서울시 마포구 월드컵북로98, 2층 202호
전화 | 070-4200-0327
팩스 | 070-7966-9327
전자우편 | myys327@gmail.com
ISBN | 979-11-92842-80-6(43190)
정가 | 15,000원